Guilleragues

Lettres portugaises

suivies de

Guilleragues par lui-même

Présentation
de Frédéric Deloffre

Gallimard

À Jacques Rougeot

Curieux destin que celui des Lettres portugaises. *Chef-d'œuvre reconnu de la littérature mondiale, il n'est guère d'œuvre moderne qui ait été l'objet de plus de mauvais traitements. Il n'y a pas longtemps, on ne la trouvait dans les bibliothèques que sous un nom d'auteur faux, affublée de titres variés et tous inexacts, l'ordre de ses différentes parties modifié au gré des éditeurs, amalgamée parfois avec des « suites » ou des « réponses » venues d'ailleurs, parfois même enlevée à la littérature française.*

Maintenant qu'elle est connue sous son nom et rendue à son auteur, d'autres formes d'injustice lui sont infligées. On en fait un texte desséché, sans rapport avec aucune réalité historique ou humaine, un lieu vide hanté par les fantômes des « lectures plurielles », rhétorique, « déconstructionniste » ou féministe.

Cet état de choses a commandé notre démarche. Dans la préface, on suivra l'histoire de l'ouvrage, en traitant des avatars qu'a connus et connaît encore le problème de son attribution. Celui-ci réglé, on tentera de présenter les Lettres portugaises *dans leur fraîcheur originelle, en les dégageant de certaines vues critiques* a priori *qui en dénaturent le sens.*

Considérant qu'un esprit dépasse en quelque façon ses productions, même les plus fameuses, on s'attachera, dans une section intitulée « Guilleragues par lui-même », à faire revivre ce gentilhomme gascon, de la race des Montaigne et des Montesquieu, ami de Molière, de La Fontaine et de Racine, secrétaire intime de Louis XIV, mort au service de son maître comme ambassadeur à Constantinople. En lisant ses lettres, on sentira vibrer une âme spirituelle et sensible, et on entendra même sa voix à travers une chanson. À défaut d'une pseudo-religieuse, l'ombre d'un véritable écrivain surgira du passé.

PRÉFACE

LES LETTRES PORTUGAISES EN QUÊTE D'AUTEUR

Quand, en 1669 — un an avant *Bérénice*, neuf ans avant *La Princesse de Clèves* —, le petit volume des *Lettres portugaises* parut chez le célèbre libraire parisien Claude Barbin, le succès fut immense. À défaut d'un périodique qui pût en rendre compte (le *Mercure galant* ne fut fondé que trois ans plus tard), le nombre des éditions avouées ou contrefaites, qu'elles fussent de Paris, de Lyon ou des Pays-Bas, les « Réponses » et les « Suites » dont on les affubla, les traductions étrangères le démontrent amplement. Plus rares sont les témoignages privés, car on ne dispose pour cette période que de peu de Mémoires et de correspondances. Ceux qui subsistent, pour indirects qu'ils soient, n'en sont que plus significatifs. Ainsi, Mme de Sévigné, dont aucune lettre contemporaine de la publication ne nous est parvenue, use plusieurs fois du mot de *portugaise* comme d'un nom commun : « Brancas », écrit-elle à sa fille le 19 juillet 1671, « m'a écrit une lettre si tendre, que [...] si je lui faisais une réponse sur le même ton, ce serait une *portugaise* » ; et à propos « d'une folie, d'une passion que rien ne peut excuser que l'amour même », elle dit à Guitaut le 23 janvier 1682, en parlant de

Mme de Coligny, qu'elle « écrit sur ce ton-là toutes les *portugaises* du monde[1] ».

On verra d'autres indices de la vogue durable des *Lettres portugaises*[2]. Longtemps elles restent un livre à la mode que se prêtent les jeunes gens[3]. Non seulement elles deviennent le modèle sans cesse imité de la « lettre amoureuse[4] », non seulement elles inspirent pendant bien plus d'un siècle le titre d'innombrables *Lettres*, qu'elles soient persanes, anglaises, turques, iroquoises, péruviennes et autres, mais, comme plus tard *Manon Lescaut*, elles fournissent l'exemple d'une manière d'aimer : « Il

1. Éd. Roger Duchêne, Pléiade, respectivement t. I, p. 297, et t. III, p. 80.

2. Voir p. 13, 24, etc. Citons aussi ce texte peu connu d'André Breton dans *Arcane 17 :* « Trouver le lieu et la formule [...] cette aspiration suprême suffit à dérouler devant elle le champ allégorique qui veut que tout être humain ait été jeté dans la vie à la recherche d'un être de l'autre sexe et d'un seul [...]. Une telle conception [...] préside plus ou moins explicitement aux lettres d'Héloïse, au théâtre de Shakespeare [...], aux lettres de la religieuse portugaise, à toute l'œuvre de Novalis, elle illumine le beau livre de Thomas Hardy : *Jude l'obscur.* Au sens le plus général l'amour ne vit que de réciprocité, ce qui n'entraîne point qu'il soit nécessairement réciproque [...]. Mais l'amour réciproque est le seul qui conditionne l'aimantation totale, sur quoi rien ne peut avoir prise. »

3. On lit dans les « Lettres concernant une aventure » de Marivaux (1720) le passage suivant, dans lequel une jeune fille utilise ce prétexte pour avoir une conversation avec son ancien galant : « Monsieur, dis-je au jeune homme [...] avec un sérieux que la dupe prit pour un dépit, il y a six mois que je vous prêtai les *Lettres portugaises* : ce livre n'est point à moi ; on me le redemande, et je vous prie de me le renvoyer » (*Journaux et Œuvres diverses,* Garnier, 1969, p. 98).

4. Il importe de distinguer dès maintenant, suivant une observation de Mlle de Scudéry dans ses *Conversations nouvelles* (1684), t. II, chapitre « De la manière d'écrire des lettres », les « lettres galantes », « que l'on écrit pour les montrer à tout le monde », et les « lettres amoureuses », que l'on se déshonorerait de publier. Dans la mesure même où les *Lettres portugaises* sont des lettres de ce dernier genre, c'est-à-dire échangées par des amants (au sens moderne du mot), il est très difficile de penser qu'elles puissent reproduire des lettres authentiques. Les imitations dont nous parlons sont surtout littéraires : ainsi, toutes les lettres entre amoureux dans *Les Illustres Françaises* de Robert Challe (1713) sont inspirées, tant dans la forme que dans le fond, par les *Portugaises.* Il est aussi plus que probable que bien des correspondances amoureuses privées ont été également inspirées, dans leur forme, par le même modèle.

faut aimer comme la religieuse portugaise », dira Stendhal
dans la *Vie de Rossini*, « et avec cette âme de feu dont elle
nous a laissé une si vive empreinte dans ses lettres
immortelles. »

Si le succès des *Portugaises* fut tel, c'est sans doute grâce
à leur éminente qualité, mais aussi à cause du mystère qui
entourait leur origine. S'agissait-il de lettres authentiques
et, sinon, qui avait pu les fabriquer ? Ce mystère est passé
par des phases si curieuses que l'histoire en est en elle-
même une sorte de roman.

Le temps des initiés

Dès la publication du petit livre chez Barbin, le public
est en haleine. Ainsi, l'auteur anonyme de *Nouvelles
réponses aux Lettres portugaises*, parues à Grenoble dès
1669, fait état de la question que chacun se pose :

> *Je ne prétends pas d'éclaircir ici le lecteur si les cinq*
> Portugaises *sont, ou véritables, ou supposées, ni si elles
> s'adressent, comme l'on dit, à un des plus signalés seigneurs
> du royaume.*

Mais c'est surtout un passage de *La Promenade de Saint-
Cloud* de Gabriel Guéret parue en 1669 qui montre
l'intérêt porté par le public à la question. Dans cet ouvrage
inspiré par la conversation des quatre amis de *Psyché* de
La Fontaine, un des personnages vient d'observer que
Psyché et *Tartuffe* ne se vendent guère :

> *Voudriez-vous, repartit Oronte, juger de la bonté des
> livres par le débit ? Il me semble, poursuivit-il, qu'il y en a
> d'excellents qui pourrissent dans les boutiques, pendant que
> d'autres qui ne valent rien se débitent avec chaleur. Il ne
> faut pas aller plus loin que les* Lettres portugaises. *N'est-il
> pas surprenant combien il s'en est vendu ? Et je n'en vois
> point d'autre raison, si ce n'est le charme de la nouveauté, et
> qu'on a pris plaisir de lire des lettres d'amour d'une
> religieuse, de quelque manière qu'elles fussent faites, sans*

*considérer que ce titre est le jeu d'un libraire artificieux, qui
ne cherche qu'à surprendre le public.*

   *— Que vous souciez-vous, interrompit Cléante, qu'elles
soient véritables ou non, pourvu qu'elles soient bonnes?
N'ont-elles pas beaucoup de tendresse? Et seriez-vous
homme à vouloir soutenir contre tous venants la fausseté
des* Lettres *portugaises comme l'abbé Bourdelot soutient
contre tout le monde la vérité du fragment de Pétrone?
Croyez-moi, prenons ce que l'on nous donne, de quelque
main qu'il vienne, pourvu qu'il mérite d'être lu, et donnons-
nous de garde de ressembler à ces fanfarons qui ne
voudraient pas d'une paire de gants, si elle ne venait de chez
Martial.*

   *— Il y a sans doute, repartis-je, quelque tendresse dans
ces lettres, si vous la faites consister dans les mots passionnés, comme les* hélas! *etc. Mais si vous la mettez dans les
sentiments, à peine en trouverez-vous deux qui soient
remarquables. Et en vérité, n'est-ce pas une grande misère,
quand il faut lire un livre pour si peu de chose? D'ailleurs,
il n'y a pas même de style; la plupart des périodes y sont
sans mesure; et ce que j'y trouve de plus ennuyeux, ce sont
de continuelles répétitions, qui rebattent ce qui méritait à
peine d'être dit une seule fois. Voilà franchement ce qui
m'en a dégoûté. Car je ne suis pas, comme vous croyez, de
ceux qui ne trouvent rien de bon, si l'on ne le leur garantit
véritable.*

Comme pour piquer davantage la curiosité, les préci-
sions apportées par une édition étrangère venaient accré-
diter la thèse « portugaise ». Il s'agissait d'une phrase
substituée à l'avant-dernière de l'avis « Au lecteur » de
l'édition Barbin. Au lieu de « Je ne sais point le nom de
celui auquel on les a écrites, ni de celui qui en a fait la
traduction[1] », on lisait dans une édition « Pierre du
Marteau » de « Cologne » (en fait, sans doute un des
frères Elzevier, de Bruxelles), datée de 1669 :

---

1. Voir le texte complet de cet avis « Au lecteur », p. 73.

Le nom de celui auquel on les a écrites est M. le chevalier de Chamilly, et le nom de celui qui en a fait la traduction est Cuilleraque [sic].

Ce « Cuilleraque » n'était pas difficile à identifier : ce ne pouvait être que Guilleragues, un courtisan célèbre pour son esprit, et reçu pour cette raison dans les meilleures maisons de Paris. Mais pourquoi aucun témoignage contemporain ne nous est-il parvenu le désignant comme auteur ou du moins traducteur des fameuses Lettres ? Outre le fait que beaucoup de documents, lettres, notes, mémoires, etc., où l'on pourrait chercher des opinions sur la question ont disparu, il faut comprendre pourquoi ceux qui ont été au courant parmi ses amis, écrivains comme Racine et Boileau, gens du monde comme Henriette d'Angleterre, Mme de Sablé, Mme de Sévigné ou Mme de La Sablière, devaient se montrer discrets : si Guilleragues était responsable de la publication des *Portugaises*, le trahir publiquement n'était pas seulement lui nuire, alors qu'il n'avait pas d'ennemis[1], c'était aussi déplaire au Roi qui avait fait de lui, quelques mois à peine après l'événement, le dépositaire de ses affaires privées et de ses secrets d'État[2].

Le légendaire posthume et du XVIIIe siècle

C'est vers la fin du XVIIe siècle, tant du fait de la disparition des « initiés » que sous l'influence des éditions qui déforment à l'envi le titre et la présentation des Lettres devenues non plus *portugaises* mais « de la religieuse portugaise[3] », que la légende de l'authenticité commence

1. Dans un avis sur la Ve Épître de son édition des *Œuvres de Boileau-Despréaux* (1716), Brossette dit de Guilleragues : « Personne à la cour n'eut plus de politesse, ne parla plus agréablement, n'entendit mieux la fine raillerie, et ne fut aimé plus généralement. »
2. En lui assurant la charge de « secrétaire de la chambre et du cabinet » ; voir ci-après p. 130.
3. Tels que *Lettres d'une religieuse portugaise, traduites en français* (Pierre du Marteau, sans date) ; *Lettres d'amour d'une religieuse écrites au*

à prendre corps. Certes, un amateur érudit, M. de N.,
écrit-il encore en 1693 dans ses notes de lecture que les
Lettres portugaises ont été faites « à plaisir [c'est-à-dire
écrites comme une œuvre littéraire] il y a vingt-quatre ou
vingt-cinq ans[1] », mais d'autres, moins avertis ou moins
scrupuleux, semblent admettre la thèse de l'authenticité.

Certains exploitent le côté romanesque de l'aventure de
la Portugaise. Ainsi, le chevalier de Bussière, dans une
« espèce de roman » intitulé *La Médaille curieuse où sont
gravés les deux principaux écueils de tous les jeunes cœurs*
(1672), met en scène le prétendu destinataire des Lettres,
Chamilly, passant de Toulon à Candie, où effectivement il
alla combattre en 1669, une fois la paix rétablie en
Occident :

Il me souvient que je le vis [le P. Chavigny] *fondre sur les
originaux des lettres de cette religieuse portugaise que celui
à qui elles s'adressaient tenait pour lors entre ses mains, en
les montrant à un de ses amis, je le vis, dis-je, s'élancer
dessus avec des excès de zèle plus passionnés que les intérêts
des affaires humaines ne passionnent pas d'ordinaire;
quelles délices n'eut pas ce bon père à jeter de si jolies et de
si touchantes choses dans la mer, où M. de Chamilly, les
voyant abîmer peu à peu, et certains restes de tendresse
l'allant trouver aussi jusque dans le plus sensible de son
cœur, offrit beaucoup d'argent à des matelots pour les
sauver.*

Un peu plus tard, en 1685, un autre écrivain de second
rang, Jean de Vanel, dans la première histoire d'un recueil
intitulé *Histoire du temps ou Journal galant*, tire ingénieu-
sement parti et des renseignements qu'il donne en homme

---

chevalier de C., *officier français en Portugal* (Pierre du Marteau, 1669);
Lettres amoureuses d'une dame portugaise (Amsterdam, Isaac Van Dyck,
1677); *Lettres d'une religieuse portugaise et du chevalier* *** (Bruxelles,
François Foppens, 1714), etc. Beaucoup d'éditeurs modernes ne sont pas
plus exacts.

1. Texte découvert et publié par Frederick C. Green dans un article dont
on trouvera le titre et les références plus loin, p. 25.

bien informé sur la véritable genèse des *Lettres portugaises*, comme on le verra plus loin[1], et de la plus pure
fiction : cette fois, une femme dont le héros a fait
connaissance à Lisbonne, où il assiste à une représentation
théâtrale, se démasque au bout d'un moment et se
présente comme celle qu'il a abandonnée et qui lui a écrit
les *Lettres portugaises* !

Enfin, un roman de Mme d'Aulnoy, les *Mémoires de la
cour d'Angleterre* (1695), fait état de l'authenticité des
Lettres portugaises comme d'un fait désormais couram-
ment admis dans le public. Le duc de Buckingham, qui
s'intéresse à une dame portugaise récemment arrivée en
Angleterre, demande à voir ses lettres. On ne lui montre
d'elle que des préceptes sur l'art épistolaire, sur quoi il fait
cette remarque :

*Ne vaudrait-il pas mieux qu'elle s'occupât à écrire comme
cette fille de son pays que l'on nomme, ce me semble,
Mariane, dont nous avons lu les lettres*[2] ?

Parallèlement, les critiques même semblent peu à peu
recourir à l'exemple de la *Portugaise* pour démontrer que
la sincérité, surtout féminine, est la condition nécessaire à
l'expression d'une grande passion. Déjà, l'auteur des
Nouvelles réponses aux Lettres portugaises, qui pourtant,
comme on l'a vu, mettait en doute pour son compte
l'authenticité, admettait que « l'ingénuité et la passion
toute pure qui paraissaient dans ces cinq *Lettres portugaises*, permettent à peu de gens de douter qu'elles n'aient
été véritablement écrites » ; on lui disait, ajoutait-il, que

---

1. Sur ce texte découvert par Jacques Chupeau, voir ci-après, p. 43, n. 1.
2. Texte cité par R. A. Day, « Mme d'Aulnoy on the *Lettres portugaises* », *Modern Language Notes*, 1952, p. 544. Comparer avec ce texte
tiré de *La Guerre d'Italie ou Mémoires du comte D **** (A Cologne, chez
Pierre du Marteau, 1703), IIIe partie, p. 119. A Milan, D *** a une
intrigue avec une dame qui lui envoie des billets : « Ils sont aussi remplis
d'amour et de passion qu'il se puisse, et je ne crois pas qu'ils cèdent en rien
à ceux de la religieuse portugaise qu'on a donnés au public. »

lui qui n'était ni une femme, ni une religieuse, ni « touché d'une pareille passion » ne serait pas capable de « seconder dans [s]es lettres ces sentiments qu'on admire avec sujet dans les premières ».

Un progrès de la thèse « portugaise » apparaît avec l'œuvre d'un théoricien, Du Plaisir, qui, traitant de l'art épistolaire dans un chapitre de ses *Sentiments sur les lettres et sur l'histoire, avec des scrupules sur le style* (1683), l'accepte sans discussion, ce qui l'entraîne à commettre une faute d'interprétation, parfois reprise ultérieurement[1], sur le sens de « mon amour » dans l'attaque de la première Lettre :

Je ne sais si, dans ces Lettres passionnées, il est à propos de parler à autre chose qu'à la personne à qui on écrit, et d'interpeller le destin, le ciel et mille choses ou insensibles ou éloignées. Je veux bien croire qu'en Portugal on puisse parler à son amour, et qu'en Italie on puisse s'adresser à ses yeux. Je ne veux pas même désavouer que ces sortes de discours n'aient en soi de grandes beautés ; mais je crains qu'ils n'en eussent pas autant en France, où l'esprit est plus naturel et plus rapide.

L'opinion de La Bruyère, exprimée quelques années après, n'est pas aussi claire. Est-ce bien aux *Lettres portugaises* qu'il pense, lorsqu'il écrit dans la quatrième édition des *Caractères* (1689) :

Je ne sais si l'on pourra jamais mettre dans des lettres plus d'esprit, plus de tour, plus d'agrément et plus de style que l'on en voit dans celles de Balzac et de Voiture ; elles sont vides de sentiments, qui n'ont régné que depuis leur temps, et qui doivent aux femmes leur naissance. Ce sexe va plus loin que le nôtre dans ce genre d'écrire. Elles trouvent sous leur plume des tours et des expressions qui souvent en nous ne sont l'effet que d'un long travail et d'une pénible recherche ; elles sont heureuses dans le choix des termes,

1. Voir ci-après, p. 50 et suiv.

*qu'elles placent si juste, que, tout connus qu'ils sont, ils ont
le charme de la nouveauté, semblent être faits seulement
pour l'usage où elles les mettent ; il n'appartient qu'à elles de
faire lire dans un seul mot tout un sentiment, et de rendre
délicatement une pensée qui est délicate ; elles ont un
enchaînement de discours inimitable, qui se suit naturellement, et qui n'est lié que par le sens (I,37).*

Ce n'est pas sûr, malgré la clé qui l'affirme. En
revanche, pas de doute sur ce que pense l'abbé de Villiers.
Quoiqu'il s'élève contre l'usage excessif de l'amour par les
auteurs du temps, il ne veut pas nier l'importance de la
sincérité :

*Nous n'avons guère de meilleurs ouvrages que ceux qui
ont été écrits par des auteurs véritablement touchés des
passions qu'ils voulaient exprimer ; c'est ce qui a rendu si
excellentes les Lettres d'Héloïse, les* Lettres portugaises, *et
enfin les lettres manuscrites de deux ou trois femmes
galantes de ce temps.*

Ces lignes, publiées en 1699 par Villiers dans ses
*Entretiens sur les contes de fées et sur quelques autres
ouvrages du temps* [...], semblent marquer à peu près la fin
de la période pendant laquelle les critiques trouvaient
important d'exprimer leur opinion sur le problème de
l'authenticité. Richelet ne le juge déjà plus utile quand,
dans une section nouvelle des « Lettres passionnées »,
s'ajoutant à celle des « Lettres amoureuses et galantes », il
enrichit des *Lettres portugaises*, remaniées et adaptées,
son recueil des *Plus belles lettres des meilleurs auteurs
français, avec des notes* (1698[1]). Le succès de la « religieuse portugaise », confondue parfois avec une chanoinesse de Lisbonne qui apparaît dans des « suites » apo-

----

1. La première édition de ce *Recueil* avait paru à Lyon et à Paris en 1689.
C'est l'édition de Paris, chez Michel Brunet, en 1698, qui contient pour la
première fois les *Lettres portugaises ;* voir ci-après, p. 45, n. 2.

cryphes, semble assuré. On en trouve la marque dans la façon dont Saint-Simon s'exprime au sujet de Chamilly. À propos d'une nomination de dix maréchaux de France en 1703, il observe en effet :

À le voir et à l'entendre, on n'aurait jamais pu se persuader qu'il eût inspiré un amour aussi démesuré que celui qui est l'âme de ces fameuses Lettres portugaises, *ni qu'il eût écrit les réponses qu'on y voit à cette religieuse (Pléiade, t. II, p. 293).*

Le propos est un peu plus détaillé lorsqu'il évoque la mort de Chamilly en 1715 :

C'était un grand et gros homme, fort bien fait, extrêmement distingué par sa valeur [...]. Il était fort homme d'honneur et de bien, et vivait partout très honorablement ; mais il avait si peu d'esprit qu'on en était toujours surpris, et sa femme, qui en avait beaucoup, souvent embarrassée. Il avait servi jeune en Portugal, et ce fut à lui que furent écrites ces fameuses Lettres portugaises *par une religieuse qu'il y avait connue et qui était devenue folle de lui. Il n'eut point d'enfants (Pléiade, t. V. p. 142-143).*

L'attribution des *Réponses* à Chamilly, dans le premier de ces textes, affaiblit la valeur du témoignage de Saint-Simon, mais son intérêt est qu'il reflète une opinion si courante au XVIIIe siècle, qu'il devient quasi scandaleux de s'y opposer ouvertement. Il faut l'esprit de paradoxe d'un Rousseau, qui semble du reste ignorer l'attribution à Guilleragues, pour prendre ouvertement parti contre la thèse de l'origine féminine des *Portugaises* :

Les femmes, en général, n'aiment aucun art, ne se connaissent à aucun, et n'ont aucun génie. Elles peuvent réussir aux petits ouvrages qui ne demandent que de la légèreté d'esprit, du goût, de la grâce, quelquefois même de la philosophie et du raisonnement. Elles peuvent acquérir de la science, de l'érudition, des talents et tout ce qui s'acquiert à force de travail. Mais ce feu céleste qui échauffe

*et embrase l'âme, ce génie qui consume et dévore, cette
brûlante éloquence, ces transports sublimes qui portent
leurs ravissements jusqu'au fond des cœurs, manqueront
toujours aux écrits des femmes : ils sont tous froids et jolis
comme elles ; ils auront tant d'esprit que vous voudrez,
jamais d'âme ; ils seraient cent fois plutôt sensés que
passionnés. Elles ne savent ni décrire ni sentir l'amour
même. La seule Sapho, que je sache, et une autre*[1]*,
méritèrent d'être exceptées. Je parierais tout au monde que
les* Lettres portugaises *ont été écrites par un homme.*

On ne sait si, dans cette note à la *Lettre à d'Alembert sur
les spectacles* (1758), il faut davantage admirer la justesse
de l'intuition ou la faiblesse de l'argumentation. Elle
représente assez bien, en un sens, le caractère impression-
niste de la critique du temps. Ainsi Dorat, qui dit qu' « il
est encore incertain si ces Lettres ont vraiment été écrites
par deux amants ou si elles ne sont qu'un jeu de
l'imagination[2] », ne cherche ni à se renseigner ni à
discuter les deux thèses. S'il « incline volontiers pour la
première conjecture », son choix n'est fondé sur aucune
espèce d'argument. Du reste, la seule notice qui se
prétend historique au tournant du siècle, celle de l'abbé
Mercier de Saint-Léger dans l'édition Delance de 1796, ne
fait qu'obscurcir la question, en suggérant d'après une
édition Cailleau de 1778, que le « traducteur » pourrait
être Subligny, qui n'y a aucun titre, aussi bien que
Guilleragues.

---

1. Qui Rousseau désigne-t-il par cette phrase mystérieuse ? On pourrait
songer à l'Héloïse d'Abélard, auteur de lettres fameuses. Mais Rousseau
pense sans doute à la « nouvelle » Héloïse, Mme d'Houdetot, qui inspire le
roman auquel il est en train de travailler.
2. Dans ses *Lettres d'une chanoinesse de Lisbonne à Melcour, officier
français, précédées de quelques réflexions* (1770). Sur la « chanoinesse de
Lisbonne » qui se substituait à la religieuse, voir la bibliographie, p. 203.

Le triomphe des historiens

Le XIXe siècle voit s'ouvrir, dans l'histoire des *Lettres portugaises,* une période qu'on peut qualifier d'historique. L'événement décisif fut la publication, dans le *Journal de l'Empire* du 5 janvier 1810, d'une note qui devint fameuse. Rendant compte du *Manuel du libraire,* de Brunet, l'érudit helléniste Boissonade, corrigeant à juste titre une erreur de l'ouvrage, écrivait :

> *La première édition des* Lettres portugaises *est de 1669, comme le dit M. Brunet. Mais il indique deux volumes, elle n'en a qu'un. Tout le monde sait aujourd'hui que ces Lettres, remplies de naturel et de passion, furent écrites à M. de Chamilly par une religieuse portugaise, et que la traduction est de Guilleragues ou de Subligny. Mais les bibliographes n'ont pas encore découvert le nom de la religieuse. Je puis le leur apprendre. Sur mon exemplaire de l'édition de 1669, il y a cette note d'une écriture qui m'est inconnue : « La religieuse qui a écrit ces lettres se nommait Mariane Alcaforada, religieuse à Beja, entre l'Estramadure et l'Andalousie. Le cavalier à qui ces lettres furent écrites était le comte de Chamilly, dit alors le comte de Saint-Léger. »*

Lorsque, après la mort de Boissonade, Naudet réédita ses œuvres sous le titre *F. Boissonade critique littéraire* (1863), il ajouta après « d'une écriture qui m'est inconnue » les mots : « mais ancienne et digne de toute confiance ». Rien n'est moins sûr que cette addition. Il est souvent difficile de dater une écriture[1]. Du reste, à

---

1. En voici deux exemples à propos des *Lettres portugaises.* Une note figurant dans un autre exemplaire des *Portugaises* ayant appartenu au bibliophile Rochebilière est dite, par le rédacteur du catalogue de la bibliothèque de ce dernier : « note manuscrite du temps », alors qu'elle est inspirée de la « note Boissonade », et donc qu'elle est postérieure à 1810 ; on verra aussi qu'un manuscrit du même ouvrage, qui fit un moment impression sur certains critiques, est en fait bien postérieur ; voir la bibliographie, p. 203.

prendre les choses strictement, la formule « la religieuse qui a écrit ces lettres se *nommoit...* » place la note après 1723, puisque la religieuse à laquelle elle fait allusion mourut alors. En l'absence de l'exemplaire ayant appartenu à Boissonade[1], il est impossible de la dater plus exactement. Quoi qu'il en soit, elle joua un rôle important dans l'histoire des *Lettres portugaises.* Les travaux des érudits portugais semblèrent en effet lui donner quelque poids.

Le premier, dans une édition qui n'est pas dépourvue de mérite[2], José-Maria de Souza-Botelho eut l'idée de « retraduire » en portugais les *Lettres portugaises.* Il donnait la « note Boissonade », assurant ainsi sa diffusion ; il menait aussi les premières recherches sur la famille des Alcoforado[3], sinon Alcaforada, comme le portait la note, et signalait enfin, de façon très imprécise, le caractère « portugais » des Lettres, ce qui amena ses successeurs à y rechercher de prétendus « lusismes », qui ne sont en fait que des traits bien connus de la prose classique.

D'autres recherches furent entreprises pour identifier la religieuse elle-même. En 1876, Castelo Branco établit[4] qu'une religieuse franciscaine nommée Maria Ana Alcofo-

---

1. Il figurait sous le n° 4504 dans le catalogue de la vente de la bibliothèque Boissonade, lorsqu'il fut vendu le 3 mars 1859 par Fournel, commissaire-priseur. L'acquéreur fut le libraire Potier, qui dut le vendre à quelque collectionneur anonyme, car on en a perdu la trace.
2. *Lettres portugaises. Nouvelle édition* (Firmin Didot, 1824). La notice bibliographique, de 67 pages, corrige un certain nombre d'erreurs dont certaines se perpétuent encore ! Souza-Botelho reconnaît notamment les cinq premières Lettres seules comme authentiques, alors que Mercier de Saint-Léger affirmait que les sept autres « portent trop de caractère d'identité de style, d'originalité de fond, pour douter qu'elles soient aussi authentiques » *(sic !)*.
3. Le nom d'Alcoforado était apparu dès 1670 dans le catalogue de Barbin qui publiait une *Relation historique de l'île de Madère,* adaptation française d'un ouvrage portugais : on attribuait — d'ailleurs à tort — l'original à un certain Francisco Alcoforado ; voir l'article de Frederick Green cité p. 25.
4. *Curso de Literatura Portugueza,* vol. II, Lisbonne, 1876.

rado avait vécu à l'époque au couvent de la Conception de
Beja. De nouveaux documents furent apportés en 1888
par Luciano Cordeiro dans un ouvrage [1] qui résume toutes
les découvertes des « alcoforadistes » : l'acte de baptême
de Mariana da Costa Alcoforado (22 avril 1640), sur le
registre de l'église Santa Maria de Feira, à Beja, et son
acte de décès (28 juillet 1723) sur le registre du couvent
Notre-Dame de la Conception, déjà cité. Entre ces deux
dates, on sait que Mariana, entrée au couvent vers l'âge de
douze ans, fut professe en 1656 ; qu'elle se vit confier, à la
mort de sa mère (1663), l'éducation de sa petite sœur
Peregrina ; qu'elle faillit enfin devenir Mère supérieure du
couvent en 1709.

Sur la foi de ces études, dont le sérieux ne peut être
contesté, on considéra comme certain qu'on avait retrouvé
la véritable « religieuse portugaise ». D'une façon beaucoup plus aventureuse, un dernier pas fut franchi lorsqu'on admit que les *Lettres portugaises* qui nous sont
parvenues sont bien l'œuvre authentique de Mariana
Alcoforado, chef-d'œuvre spontané, inconscient, que l'interprète, dans la meilleure hypothèse, avait pu préserver
de son mieux des périls inhérents à toute traduction. Non
seulement la version portugaise « reconstituée » fut tenue
pour un chef-d'œuvre portugais, à côté des *Lusiades,* mais
la version française ne figure plus, dans le catalogue de
certaines grandes bibliothèques [2], que sous la rubrique
« littérature portugaise », section « traductions », sous-
classe « traductions françaises ». Pendant cinquante ans,
la thèse « alcoforadiste » triompha sans partage et Rilke,
par sa fameuse traduction allemande des *Lettres portugaises* [3], contribua largement à la populariser. Il est

1. *Soror Marianna, a freira portugueza,* Lisbonne, Livraria Ferin, 1888 ;
2ᵉ éd., 1891.
2. Ainsi dans la classification de la Bibliothèque du Congrès de
Washington, qui s'impose à toutes les bibliothèques de recherche améri-
caines.
3. Parue sous le titre *Portugiesische Briefe. Die Briefe der Marianna
Alcoforado,* Uebertragen von Rainer-Maria Rilke, 1907.

significatif qu'un des meilleurs spécialistes du roman français de la période qui va précisément de 1669 jusqu'en 1715, Max von Waldberg, qui en avait fait une étude très fouillée[1], attribue tout le mérite de l'œuvre de « Mariana Alcoforado » au fait qu'elle ne doit rien, à ses yeux, au badinage apprêté propre à la tradition littéraire française.

Une approche enfin critique

La phase critique de l'histoire des *Lettres portugaises* s'ouvrit en 1926. L'érudit anglais Frederick C. Green, dans un article intitulé « Who was the author of the *Lettres portugaises* ? », paru dans *Modern Language Review* (1926), ouvrit le débat.

À l'avis « Au lecteur » de l'édition Barbin, il opposa des documents anciens, tels que le texte de Guéret et celui de « M de N. » de 1693, cités plus haut[2]. Il rappela les objections élevées par Eugène Beauvois dans un ouvrage solide, *La Jeunesse du maréchal de Chamilly* (Beaune, 1885), contre le rôle qu'on faisait tenir à Chamilly. Il critiqua les invraisemblances que l'on peut relever dans les *Lettres* au point de vue des mœurs conventuelles, les difficultés d'ordre historique et chronologique qu'elles soulèvent, enfin les contradictions entre le contenu des *Lettres portugaises* et la thèse alcoforadiste. Ainsi, la Mariana historique est d'une ancienne et très noble famille, tandis que celle du livre murmure contre « la médiocrité de [s]a condition » et se trouve faite « portière », ce qui serait selon Green un emploi peu digne d'une jeune fille noble ; elle n'a plus sa mère au moment où elle aurait rencontré Chamilly, mais elle a auprès d'elle une petite sœur qui devrait l'occuper beaucoup : c'est l'inverse dans les *Lettres*. On parle dans le livre d'un

---

1. Dans son excellent ouvrage sur le roman sentimental en France, *Der empfindsame Roman in Frankreich* (Strasbourg et Berlin, Trübner, 1906), p. 45-89.
2. Respectivement p. 13-14 et p. 16.

Le Registre des privilèges.

« balcon d'où l'on voit Mertola » : chose impossible du couvent de la Conception à Beja, qui est en ville, à cinquante kilomètres de Mertola.

Mais l'apport le plus positif de Green dans la question de l'origine des *Lettres portugaises* est ailleurs. Alors que l' « Extrait du privilège » imprimé dans l'ouvrage n'apprenait rien sur l'auteur des Lettres[1], il découvrait, dans le *Registre des privilèges* lui-même, conservé à la Bibliothèque nationale[2], le texte dont voici les termes exacts, tels qu'on pourra les vérifier sur le fac-similé :

[en marge] *Ce jour d'huy 17 novembre 1668 nous a este presente un Privilege du Roy donne a Paris le 28 Octobre 1668 signe Mageret pour cinq annes pour un Livre Intitule Les Valantains Lettres*

Barbin *portugaises Epigrames et Madrigaux de Guilleraques.*

Les raisons d'attribuer à ce « Guilleragues » la pleine et entière paternité des *Lettres portugaises* devenaient dès lors très fortes. Si Frederick Green ne se prononçait qu'avec prudence, c'est qu'il n'avait guère de renseignements sur ce personnage, qu'il hésitait à identifier avec le courtisan de Louis XIV connu par quelques témoignages de Saint-Simon. Du moins la thèse que les *Lettres portugaises* étaient une œuvre française commençait-elle à s'imposer. Au Portugal même, la critique n'abordait plus le problème qu'avec prudence. Dans une étude documen-

---

1. Voici le texte de cet « Extrait du Privilège » : « Par grâce et privilège du Roi, donné à Paris le 28. jour d'octobre 1668. Signé par le Roi en son Conseil, Margeret. Il est permis à CLAUDE BARBIN, marchand libraire, de faire imprimer un livre intitulé *Lettres portugaises,* pendant le temps & espace de *cinq années*. Et défenses sont faites à tous autres de l'imprimer, sur peine de quinze cents livres d'amende, de tous dépens dommages & intérêts, comme il est plus amplement porté par ledit Privilège. *Achevé d'imprimer pour la première fois le 4. janvier 1669.* Les exemplaires ont été fournis. »

2. Registre des privilèges accordés aux auteurs et libraires [remarquer la formule], Ms. fr. 21945, f° 71 v°.

tée, intitulée significativement *Mariana Alcoforado, historia e critica de uma fraude literária*[1], Gonçalves Rodrigues, dès 1935, soulignait le caractère littéraire et français du texte des Lettres, en critiquait la géographie et la chronologie, dénonçait l'optimisme avec lequel Luciano Cordeiro avait traité les difficultés de sa thèse. Tout ce qu'il revendiquait pour son pays était l'atmosphère de passion qui y règne, et il émettait l'hypothèse qu'elle aurait pu être suggérée à l'auteur français par la lecture de lettres authentiques : celles-ci auraient été écrites à un officier français servant sous les ordres du futur maréchal de Schomberg dans le corps expéditionnaire envoyé officieusement par la France à partir de 1663 pour soutenir Alphonse VI dans la guerre d'indépendance qu'il menait contre les Espagnols. Un peu plus tard, une publication de caractère officiel donnait à peu près la même note :

Sœur Mariana Alcoforado [...] n'a peut-être pas écrit les Lettres portugaises *telles qu'elles ont été publiées en France, mais l'image de l'âme portugaise demeurerait incomplète si sa passion ne les avait dictées, sous quelque forme que ce fût. Et parce qu'elles représentent une des manifestations les plus véhémentes de l'amour portugais, elles appartiennent, par le sentiment, sinon par la langue, à notre littérature*[2].

En France, les spécialistes s'inclinèrent devant les faits. Henri Lacape reconnut le premier en Guilleragues, non plus le traducteur, mais l'auteur des *Lettres portugaises* ; toutefois, du fait des circonstances, sa prise de position resta sans écho[3]. Après la guerre de 1939-1945, successive-

---

1. C'est-à-dire « Mariana Alcoforado, histoire et critique d'une fraude littéraire », parue en 1935 dans la revue *Biblos,* reprise avec une importante bibliographie des éditions des *Lettres portugaises* dans une brochure, Coimbre, 1944.
2. *Panorama de la littérature portugaise,* par José Osorio de Oliveira (S.N.I., Lisbonne, sans date [vers 1958]), p. 43.
3. Son ouvrage, *La France et la restauration de Portugal* (Lavergne, 1939), tiré à petit nombre, ne fit pas l'objet du dépôt légal, sans doute en raison de la déclaration de guerre.

ment Verdun-L. Saulnier, Maurice Rat et Antoine Adam admirent pour l'essentiel la thèse Guilleragues[1], sans pour autant s'intéresser suffisamment à celui qui devenait ainsi un nouvel écrivain classique.

Pourtant, une autre famille d'esprits, composée surtout de « gens de lettres », s'efforçait, par des conférences, essais, éditions, de maintenir le grand public dans ses illusions. La plupart d'entre eux[2] s'en tenaient simplement à la thèse « alcoforadiste ». Tel autre, informé des difficultés qu'elle soulevait, imaginait une autre religieuse, parfaitement hypothétique, pour préserver le mythe de l'authenticité : position véritablement insoutenable, car s'il existe un argument en faveur d'une origine portugaise des Lettres, c'est bien la concordance, au moins approximative, entre la « note Boissonade » et les découvertes des érudits portugais. Une telle attitude ne s'expliquait en réalité que par la conviction que le problème demeurerait sans solution décisive, autorisant ainsi toutes les divagations[3].

Il est vrai qu'une enquête menée de l'extérieur dans une perspective uniquement historique ne pouvait aller au-delà d'un certain point. Même si on avait découvert un document ancien désignant expressément Guilleragues

---

1. Respectivement dans une édition des *Lettres portugaises* (Hautmont, 1946 ; réédition 1951) ; dans un article, « Le roman français au xviie et au xviiie siècle », paru dans *Édition et librairie*, 1re année, 13e leçon, 1951 ; dans l'*Histoire de la littérature française au xviie siècle* (1948-1956), t. IV, p. 170 et suiv.

2. Notamment Henry Bordeaux, *Marianna, la religieuse portugaise,* (Albin Michel, sans date [1934]).

3. Voici les conclusions de Claude Aveline, dans son ouvrage *Lettres de la religieuse portugaise. ...Et tout le reste n'est rien* (Mercure de France, 1951 ; réimprimé, avec la suppression progressive des notes, jusqu'en 1959) : « 1° Les Lettres sont d'une authenticité indiscutable. Elles ont été écrites par une femme, par une religieuse. 2° Elles ont été adressées à Chamilly. 3° Par conséquent, il n'y a pas de raison de douter qu'elles fussent l'œuvre d'une religieuse portugaise ; et les quelques détails d'époque et de lieu qu'elles contiennent sont exacts. 4° Mais cette religieuse ne peut être Mariana Alcoforado. Son nom reste inconnu. J'espère qu'il le restera. 5° Le traducteur des Lettres est Guilleragues. »

non comme le traducteur, mais comme l'auteur, ce qui n'advint que plus tard, il restait toujours possible d'arguer qu'il n'avait fait qu'exploiter des lettres authentiques. Tant sur le plan littéraire que sur le plan affectif, les rapports entre les *Lettres portugaises* et Guilleragues n'apparaissaient pas. Mais pour prendre simplement conscience de cette difficulté, il fallait préciser le caractère, l'originalité de l'ouvrage : ce fut l'œuvre d'un grand critique, Leo Spitzer[1].

Considérant explicitement les *Portugaises* comme une œuvre littéraire, Spitzer en étudia la composition, la progression psychologique et dramatique, en un mot la « signification artistique ». Il les comparait par exemple, pour la structure et pour le fond, à la tragédie classique. Mais alors que Green, qui fournissait les éléments historiques de la solution Guilleragues, n'avait fait qu'effleurer, de façon d'ailleurs très fine, l'examen interne de l'œuvre, et avait négligé de la mettre en rapport avec son créateur, Spitzer, si attentif à la signification littéraire de l'ouvrage, estima qu'il n'avait pas en main les données nécessaires pour traiter du problème de son attribution. Restait donc à tirer les conséquences de ces études et à en faire la synthèse[2].

Du reste, si le rapprochement établi par Leo Spitzer entre les *Lettres portugaises* et le genre tragique s'impose, c'est aussi pour une raison générale : comme l'a remarqué, à un autre propos, Giraudoux dans *Littérature,* « l'emploi de la première personne, la délimitation du champ humain [...], la relégation au second plan [...] de toutes les

---

1. « *Les Lettres portugaises* », article paru en français dans *Romanische Forschungen,* 1954, p. 94-135, repris en allemand dans *Romanische Literaturstudien, 1936-1956* (Tübingen, 1959). Sur l'édition allemande définitive (1969), voir p. 53, n. 2.
2. Les premiers résultats de nos recherches, spécialement les découvertes de Jacques Rougeot, furent exposés à Liège en juillet 1960 au Congrès de la Fédération Internationale des Langues et Littératures Mondiales en présence de Frederick Green et de Leo Spitzer, qui approuvèrent pleinement nos conclusions.

particularités d'une époque [...] confèrent à toute correspondance l'aspect orné, révélateur et inéluctable de l'épo-
pée tragique ». S'il était légitime de souligner les ressemblances entre les *Lettres portugaises* et la tragédie classique, il aurait été imprudent de prétendre en tirer une
attribution à un auteur dramatique, Racine par exemple.
Dans la mesure où l'ouvrage est un substitut de la
tragédie, il doit appartenir à un homme qui, quoique
familier avec le genre, n'est pas en mesure de le pratiquer.

Lorsqu'à notre suggestion Jacques Rougeot entreprit de
replacer les *Lettres portugaises* dans la tradition, et si
possible dans le milieu où elles étaient nées, il décida de
considérer non plus seulement, comme Leo Spitzer, leur
composition et la vision morale qu'elles expriment, mais
aussi leur vocabulaire, les procédés de style, les thèmes. Si
le premier point de l'enquête révéla seulement qu'il n'y
avait rien de portugais dans le choix des mots, tout à fait
conforme à celui des meilleurs auteurs contemporains, le
second, l'étude des figures, montra combien les *Lettres
portugaises* devaient à la tradition élégiaque latine. Enfin,
l'examen des thèmes donna lieu à des rapprochements très
précis avec les sujets débattus sous forme de « questions
d'amour » dans les cercles tels que ceux de la marquise de
Sablé, de la maréchale d'Albret ou de la duchesse de
Richelieu. Plusieurs des « questions » proposées par le
marquis de Sourdis [1] aux familiers du salon de Mme de
Sablé semblent ainsi résolues dans les *Portugaises* :

Question

*S'il vaut mieux perdre une personne que l'on aime par la
mort, que par l'infidélité ?*

Réponse des Lettres portugaises : *Votre injustice et votre
ingratitude sont extrêmes : mais je serais au désespoir, si*

---

1. Sur le marquis de Sourdis auteur de *Questions d'amour,* voir Louis
Lafuma, « Le véritable auteur des *questions d'amour* des portefeuilles
Vallant », *Revue d'Histoire Littéraire de la France,* 1962, p. 353-362. Les
questions citées ici se trouvent dans le manuscrit de la Bibliothèque
nationale, Fr. 17056, f° 196.

elles vous attiraient quelque malheur, et j'aime beaucoup mieux qu'elles demeurent sans punition, que si j'en étais vengée (Lettre IV, p. 89).

Question
Si l'on peut aimer quelque chose plus que soi-même ?
Réponse : *Je vous aime mille fois plus que ma vie, et mille fois plus que je ne pense (Lettre IV, p. 96-97).*

Question
Si l'amour peut être longtemps seul ?
Réponse : *Faites tout ce qu'il vous plaira, mon amour ne dépend plus de la manière dont vous me traiterez (Lettre II, p. 82).*

Question
Si une femme doit haïr un homme qu'elle aime, et qu'elle sait qui ne s'attache pas à la servir, parce qu'il est engagé ailleurs ?
Réponse : *Il faut avouer que je suis obligée à vous haïr mortellement (Lettre V, p. 104).*

Ces questions d'amour peuvent être résolues de deux façons inverses, ce qui les rapproche encore des *Lettres portugaises*, où la même proposition peut se présenter successivement sous la forme positive ou négative[1]. Elles ne peuvent, par définition, fournir une doctrine.

Mais précisément, s'il est une doctrine ou du moins une conception d'ensemble qui inspire les *Lettres portugaises*, c'est une vue radicalement pessimiste de l'amour, qu'on trouve chez celui qui domine la société parisienne dont nous parlons, La Rochefoucauld. Pour lui, l'amour se fonde dès le départ sur un manque de sincérité : « N'aimer guère, en amour, est un moyen assuré d'être aimé[2]. » Car,

1. Sur l'importance de ce procédé dans la composition des *Lettres portugaises*, voir ci-après, p. 61.
2. *Réflexions ou Sentences et Maximes morales*, éd. Jean Lafond (cette édtion contient également les *Maximes* de Mme de Sablé), Folio, Maxime supprimée nº 56.

par une contradiction de l'âme humaine, « nous sommes plus près d'aimer ceux qui nous haïssent que ceux qui nous aiment plus que nous ne voulons [1]. » Une fois établi, l'amour ne subsiste que par l'ignorance des sentiments de l'autre : « Dans l'amitié comme dans l'amour, on est souvent plus heureux par les choses qu'on ignore que par celles que l'on sait [2]. » La tromperie même est préférable à la vérité : « On est quelquefois moins malheureux d'être trompé de ce qu'on aime, que d'en être détrompé [3]. » Car qu'aurait-on à apprendre ? Foncièrement, l'amour est égoïste : « Il y a des gens si remplis d'eux-mêmes que, lorsqu'ils sont amoureux, ils trouvent moyen d'être occupés de leur passion sans l'être de la personne qu'ils aiment [4] » ; car « le plaisir de l'amour est d'aimer, et l'on est plus heureux par la passion que l'on a que par celle que l'on donne [5] ». Il n'est même pas pour l'amour d'autre dénouement que la désillusion finale : « On pardonne tant que l'on aime [6] », c'est-à-dire tant que l'on est aveuglé ; mais « l'enchantement » se dissipe, les amants « voient les défauts de leur maîtresse [7] », et rien n'est alors si cruel pour eux que cette clairvoyance : « Il n'y a guère de gens qui ne soient honteux de s'être aimés quand ils ne s'aiment plus [8]. »

La même conception de l'amour est mise en œuvre dans les *Lettres portugaises*. Plus exactement, elle correspond à l'image que Mariane se fait de son aventure, surtout dans la dernière lettre, dans laquelle elle parvient enfin à la clairvoyance et s'exhorte au détachement.

C'est ainsi qu'à propos des débuts de la liaison elle dit

1. Maxime, n° 321.
2. *Ibid.*, n° 441.
3. *Ibid.*, n° 395.
4. *Ibid.*, n° 500.
5. *Ibid.*, n° 259.
6. *Ibid.*, n° 330.
7. « Les amants ne voient les défauts de leur maîtresse que lorsque leur enchantement est fini », Maxime écartée n° 45.
8. Maxime, n° 71.

avoir fait preuve de « trop de bonne foi » alors qu' « il faut de l'artifice pour se faire aimer » (Lettre V, p. 104); et que, par la suite, elle « déteste » la « bonne foi » de son amant, qui ne lui a pas permis de conserver ses illusions :

Je ne cherchais pas à être éclaircie; ne suis-je pas bien malheureuse de n'avoir pu vous obliger à prendre quelque soin de me tromper? (Lettre V, p. 100).

Elle aussi se rend compte qu'elle a été égoïste, qu'elle n'aimait pas son amant pour lui-même : « J'ai éprouvé que vous m'étiez moins cher que ma passion » (Lettre V, p. 99); elle aussi reconnaît « qu'on est beaucoup plus heureux, et qu'on sent quelque chose de bien plus touchant, quand on aime violemment, que lorsqu'on est aimé » (Lettre III, p. 85); elle aussi réalise cette union de l'amour et de la haine, sentiments sans lesquels elle perdrait toute raison de vivre :

Que ferais-je, hélas! sans tant de haine et sans tant d'amour qui remplissent mon cœur? (Lettre IV, p. 92).

Mariane, elle aussi, « enfin revenue de cet enchantement » (Lettre V, p. 105), s'aperçoit qu'elle s'est méprise sur les « qualités très médiocres » de son amant et proclame sa honte :

J'ai vécu longtemps dans un abandonnement et dans une idolâtrie qui me donne de l'horreur, et mon remords me persécute avec une rigueur insupportable, je sens vivement la honte des crimes que vous m'avez fait commettre, et je n'ai plus, hélas! la passion qui m'empêchait d'en connaître l'énormité (Lettre V, p. 104-105).

C'est enfin dans une phrase de La Rochefoucauld qu'on trouvait comme la formule des *Lettres portugaises* : « L'amour, aussi bien que le feu, ne peut subsister sans un mouvement perpétuel, et il cesse de vivre, dès qu'il cesse d'espérer ou de craindre [1]. »

1. *Ibid.*, n° 75.

Les rapprochements les plus notables qu'avait pu établir Jacques Rougeot semblaient le ramener vers le salon de Mme de Sablé. Étudiant de plus près l'histoire de ce salon, il rencontrait[1] l'indication qu'un ouvrage anonyme, conservé à l'Arsenal et intitulé *Valentins*, contenait une sorte de lettre-dédicace à Mme de Sablé. À l'examen, ces *Valentins* s'avéraient être l'ouvrage destiné à paraître sous le même privilège que les *Lettres portugaises*.

Il était déjà significatif que ces *Valentins* eussent été découverts à partir d'une étude interne des *Lettres portugaises*[2]. Mais leur contenu, on va le voir, n'était pas moins digne d'attention.

L'ouvrage se présente sous le titre : « *Valantins* [sic], *Questions d'amour, et autres pièces galantes*. À Paris, chez Claude Barbin, au Palais, sur le second perron de la Sainte-Chapelle. M. DC. LXIX. Avec privilège du Roi. »

L'extrait du privilège, en date du 28 octobre 1668, est identique à celui des *Lettres portugaises*[3], sauf en ce qui concerne l'intitulé de l'ouvrage (*Les Valantins*) et l'achevé d'imprimer (20 août 1669). Ces deux extraits de privilège sont en outre conformes au texte découvert par Green.

Quant aux *Valentins* eux-mêmes, ils ne sont autre chose que les « épigrammes et madrigaux » mentionnés dans le privilège : c'est du reste sous ces deux termes qu'ils sont désignés dans l'avis « Au lecteur » qui explique en quoi ils consistent :

Il y a longtemps qu'on a inventé le jeu des Valentins ; mais on les a faits depuis peu en vers : voici ceux qui me

1. Dans l'étude de Nicolas Ivanoff intitulée *Madame de Sablé et son salon* 1927, p. 140, n. 1.
2. Ayant lu l'article de Green, un érudit portugais, Luis Cardim, avait recherché et découvert un exemplaire des *Valentins*. Il en avait conclu que, les *Portugaises* et les *Valentins* ne pouvant être de la même main, le second ouvrage ne pouvait avoir été écrit que par Maria Ana Alcoforado. Son point de vue est résumé par Gonçalves Rodrigues, p. 15 de l'ouvrage cité p. 28, n. 1.
3. Qu'on a lu p. 27, n. 1.

sont tombés entre les mains. Il faut, pour bien composer le jeu des Valentins, mettre le nom de trente hommes et celui de trente femmes, dans soixante morceaux de papier séparés, et copier séparément aussi les soixante madrigaux. Après avoir tiré séparément le nom d'un homme et celui d'une femme, on tire deux madrigaux, pour voir ce qu'ils disent l'un à l'autre. Si ce sont des choses tout à fait éloignées, ou tout à fait vraisemblables, les effets différents du hasard peuvent être quelquefois assez agréables, et j'espère que cette diversité d'épigrammes sur toute sorte de sujets te divertira.

On va voir que ces madrigaux épigrammatiques roulent en fait sur un petit nombre de sujets très proches de ceux que nous venons de rencontrer aussi bien dans les *Questions d'amour* et chez La Rochefoucauld que dans les *Lettres portugaises*, mais il convient d'examiner d'abord la disparition, dans l'ouvrage, des *Lettres portugaises* pour lesquelles le même privilège avait été obtenu, et la présence, à l'inverse, de trois lettres, à la marquise de Sablé, à l'abbé du Pilé et à Bourdelot, dont deux seront reproduites plus loin[1], ainsi que des *Questions d'amour*.

Dans les deux cas, il s'agit apparemment de grossir le volume, amputé des *Lettres portugaises*. Une différence cependant : les trois lettres, qui sont certainement de Guilleragues, suivent immédiatement les *Valentins* et font partie intégrante du volume. Pour les *Questions d'amour*, il s'agit d'une de ces productions collectives, déjà publiées à plusieurs reprises, avec quelques variantes, notamment dans les œuvres de Bussy-Rabutin[2]. Les *Valentins* ne suffisant pas à fournir un volume, même avec les trois lettres qui les accompagnent, puisqu'ils ne fournissent que soixante-quatorze pages d'une typographie très généreuse, les *Questions d'amour*, pour lesquelles Barbin avait déjà

---

1. P. 117 et p. 118.
2. Sous le titre *Maximes d'amour, ou Questions en prose, décidées en vers* (1664).

un privilège, vinrent tenir la place des *Lettres portugaises.*
On les avait choisies parce que, parmi les ouvrages du
fonds Barbin, elles traitaient de thèmes analogues aux
Valentins et peut-être provenaient des mêmes milieux.
Leur caractère d'invité de la dernière heure est confirmé
par le fait qu'à la différence des *Valentins,* dont chaque
pièce est ornée d'une ou deux gravures sur bois, elles n'en
comportent qu'une déjà utilisée précédemment, en tête du
recueil[1].

Quant à la disparition des *Lettres portugaises,* la raison
n'en est pas difficile à trouver. Dans l'histoire du roman
français, les années 1660-1670 marquent une sorte de
désaffection, non seulement à l'égard du romanesque dont
avaient abusé les Gomberville et les La Calprenède, mais
même à l'égard de la fiction. C'est ce dont témoigne le
Dialogue des héros de roman, de Boileau, qui doit avoir
été composé en 1666 ; mais davantage encore une remarque de Charles Sorel dans sa *Bibliothèque française*
(1664) : « Beaucoup de gens se plaisent davantage au récit
naturel des aventures modernes, comme on met dans les
histoires *qu'on fait passer pour vraies* [c'est nous qui
soulignons], non seulement pour vraisemblables[2]. » On a
déjà vu, p. 14, comment Guéret évoquait les lecteurs « qui
ne trouvent rien de bon, si on ne le leur garantit
véritable ». Ainsi, le public exige qu'on le trompe, en
faisant passer pour authentiques des aventures de fiction.
Qu'un « libraire artificieux », ou l'auteur lui-même, imagine, pour se conformer à ce goût, de donner les *Portugaises* pour de vraies lettres, son premier soin sera, de
toute évidence, de les détacher d'un recueil entremêlé de
prose et de vers, suivant les coutumes du temps, et qui

1. Voir l'article de Paule Koch, « Concurrences autour des *Lettres
portugaises* : éditions autorisées et contrefaçons, dans *La Bibliographie
matérielle,* présentée par Roger Laufer, Table ronde organisée par le
C.N.R.S., 1983, p. 147-176.
2. Dans l'ouvrage cité p. 25, n. 1, Max Von Waldberg avait déjà
remarqué ce passage important, dont on trouvera le commentaire dans
F. Deloffre, *La Nouvelle en France à l'âge classique* (Didier, 1968), p. 37.

tirait son unité du fait que toutes les pièces qui le
composaient avaient un caractère épistolaire (même si les
lettres de Mariane étaient plus dramatiques qu'épigrammatiques). Publiées sans nom d'auteur, précédées d'un
insidieux avis « Au lecteur », elles prenaient aisément,
aux yeux d'un public favorablement prévenu, figure d'œuvre non seulement authentique, mais miraculeusement
spontanée.

Allons plus loin. Si les *Valentins* avaient paru avec les
Lettres portugaises, au lieu de voir leur publication différée
de plusieurs mois, les lecteurs avertis n'auraient pas
manqué d'être frappés des parentés existant entre les deux
ouvrages, à travers la différence des genres. Parenté qui se
manifeste parfois par des similitudes de forme, d'autant
plus notables qu'elles s'établissent entre de la prose et des
vers, comme dans ce double rapprochement : « Je
demeure d'accord que vous avez de grands avantages sur
moi, [...] mais vous devez en tirer peu de vanité » (Lettre
V, p. 105), et « Je demeure d'accord que je n'ai pu vous
plaire [...] vous n'en pouvez tirer aucune vanité » (Valentin XXII) ; mais parenté plus frappante encore pour le
fond.

Le thème fondamental est en effet celui de la rupture, et
dans les *Valentins* c'est dans les billets de femmes que
celle-ci est ressentie de la façon la plus amère. Les
rapprochements les plus significatifs apparaissent, par
exemple, quand, au lieu de réclamer de son amant qu'il
soit sincère, l'amante demande à être trompée :

Trompez-moi, je vous en   *Ne suis-je pas bien malheu-*
           [conjure,   *reuse de n'avoir pu vous*
Et continuez de me voir :   *obliger à prendre quelque*
Du moins abusez-moi, par-   *soin de me tromper ?*
           [jure.   *(Lettre V, p. 100)*
  (Valentin XXXIV)

ou quand, enfin débarrassée de ses illusions, elle tente de
se détacher :

Puisque je ne suis plus
[aimable,
Il faut tâcher de n'aimer
[plus aussi.
(Valentin LI)

Vous m'avez enfin persua-
dée que vous ne m'aimiez
plus, et qu'ainsi je ne dois
plus vous aimer.
(Lettre V, p. 98)

Nul ne pourrait surtout, sans une insigne mauvaise foi, récuser l'étroite similitude entre la façon dont chacune des deux amantes ironise sur les excuses de l'amant :

Je vois dans le fond de votre
[âme
Que vos regrets sont de
[mauvaise foi,
Et vous êtes ravi de me
[dire : Madame,
Je pars avec douleur, mais
[j'obéis au Roi;
En vous quittant, du moins,
[je conserve ma flamme.
Le Roi, mon cher Mon-
[sieur, n'a que faire de vous;
Contre ses ennemis ayez
[moins de courroux :
Un habile homme a soin de
[ses affaires,
De plus huppés que vous lui
[sont peu nécessaires.
(Valentin LIX)

Vous avez voulu profiter
des prétextes que vous avez
trouvés de retourner en
France. [...] Votre honneur
vous engageait à m'aban-
donner : ai-je pris quelque
soin du mien? Vous étiez
obligé d'aller servir votre
roi : si tout ce qu'on dit de
lui est vrai, il n'a aucun
besoin de votre secours, et il
vous aurait excusé.
(Lettre IV, p. 91)

La délicate flatterie à l'égard du Roi avait été déjà notée par Frederick Green[1]. N'était-il pas remarquable de la retrouver ici, avec une variation sur le même thème dans

---

1. Green disait : « The cleverly turned compliment to Louis XIV in letter IV is hardly the type of art which conceals art » ; Spitzer avait reproduit ce passage en l'approuvant.

un second Valentin[1] ? Si l'on ajoute d'autres arguments, comme le témoignage de Donneau de Visé qu'on trouvera plus loin[2], déjà connu mais qui prenait une signification plus précise, nous avions les raisons les plus solides de publier les *Lettres portugaises* sous le nom de leur véritable auteur : ce qui fut fait en 1962 dans une édition aux Classiques Garnier, qui reçut une très large approbation des spécialistes du monde entier et fut rapidement épuisée.

Le retour du mythe

C'est un fait connu, en matière de problèmes d'attribution, que la solution la mieux fondée, fût-elle un moment considérée comme acquise, se trouve toujours, à un moment ou l'autre, remise en cause par quelque contradicteur. C'est ce qui s'est passé pour les *Lettres portugaises*. Tantôt il s'agissait d'objections à la désignation de Guilleragues comme auteur, tantôt de thèses affirmant l'authenticité des Lettres.

Il est aisé de montrer que ces dernières ne résistent guère à l'examen. Celle d'une religieuse portugaise écrivant directement en français, soutenue par Yves Florenne dans une édition récente[3], est sans doute la moins défendable. La « signature » qu'il croit pouvoir y relever, à savoir que le nom de Mariane est écrit avec un seul *n,* est une graphie courante en français classique. Il est surtout inimaginable qu'une religieuse portugaise qui ne serait

---

1. Le Valentin XXXVI, ainsi conçu :

> Quand je me plains, et que je vous accuse
> De m'oublier et de manquer de soin,
> Votre régiment au besoin
>   Aussitôt vous sert d'excuse ;
> Ce régiment servira-t-il le Roi
> Aussi bien qu'il vous sert, Cléante, contre moi ?

2. P. 43 et n. 4.
3. Livre de Poche, 1979.

jamais venue en France écrivît le français avec cette perfection. Du reste, les lettres ont toujours passé pour « traduites en français ».

La thèse qui ferait des *Lettres portugaises* la transposition de lettres écrites par une religieuse française dans un cadre portugais — avancée par André Lebois — ne repose que sur les commérages de Mme Dunoyer et recèle en l'occurrence une impossibilité radicale[1].

La thèse de lettres traduites du portugais est parfois reprise, plus ou moins ouvertement, par certains commentateurs. Elle se heurte de toute façon à des difficultés considérables. Ainsi, les lettres ne contiennent aucune des indications qu'on attendrait sur leur acheminement. Elles comportent des contradictions internes (chronologie, lettres reçues ou non...) telles qu'on a cherché, toujours en vain, à en modifier l'ordre. Si on les croit écrites par Mariana Alcoforado, les difficultés qu'on a signalées plus haut, et qu'un chercheur portugais a encore tenté en vain de pallier[2], se révèlent insurmontables. Si, reprenant la thèse de Claude Aveline[3], on abandonne l'identification

---

1. Dans ses *Lettres historiques et galantes* (1720), Mme Dunoyer, une aventurière française réfugiée à La Haye, fait état d'une liaison entre l'abbesse de La Joye (près de Nemours) et le marquis de Ségur, dit « le beau mousquetaire », un « cadet de Gascogne » ; un enfant en serait né et l'abbesse aurait été sévèrement punie. Or, en 1668, le marquis de Ségur n'avait que huit ans ! L'hypothèse en question avait été proposée par André Lebois dans deux articles, « La Portugaise s'appelait Clara Gazul », *L'Age nouveau*, 1962, p. 95-99, et « Je ne crois pas à Guilleragues », chapitre de *XVIIe siècle. Recherches et portraits*, L'Amitié par le Livre, 1965, p. 269-290.

2. Antonio Belard da Fonseca, conservateur du musée de Beja, dans un ouvrage intitulé *Mariana Alcoforado. A freira de Beja e as « Lettres portugaises »*, Lisbonne, 1966 ; il montre notamment qu'on appelait bien Chamilly « comte de Saint-Léger » ; qu'une « portière » a une fonction plus honorable qu'une « tourière », etc. Mais toutes les principales objections à la thèse Alcoforado (condition « médiocre » de Mariane, présence de sa « mère », difficultés chronologiques, etc.) subsistent, sans compter l'essentiel : l'inspiration française et littéraire des Lettres.

3. Le retour en faveur de cette hypothèse semble attesté par une réédition récente (Mercure de France, 1986) de la première version de son ouvrage (voir ci-dessus, p. 29, n. 3).

de Mariane avec la religieuse découverte à Beja, le principal argument en faveur de l'authenticité disparaît du même coup.

Ne subsiste plus alors que la thèse de lettres écrites par un écrivain français. On a vu comment les recherches avaient désigné Guilleragues. Certains pourtant[1] font profession de rejeter la thèse qui fait de lui l'auteur. Leurs arguments, dans le détail desquels il est inutile d'entrer[2], sont de deux ordres. Tantôt on prétend qu'il n'a pas été désigné par les contemporains ; c'est l'argument *ex silentio* ; tantôt on assure qu'il était incapable d'écrire un chef-d'œuvre tel que les *Lettres portugaises* : c'est l'argument *ex indignitate*. À quoi on peut répondre brièvement ce qui suit.

Tous les documents anciens le désignent : le privilège, les éditions hollandaises dès 1669, la « note Boissonade » et d'autres notes manuscrites analogues, etc. En revanche, aucun autre « traducteur » n'est jamais cité. Un texte de 1685, composé par un contemporain bien informé[3], dit que les *Lettres portugaises* furent écrites par « un homme de la cour de France » qui les fit « par l'ordre d'une princesse, et pour lui montrer comment pouvait écrire une femme prévenue d'une forte passion ». Comme le remarque Jacques Chupeau, qui a découvert ce document, cet homme ne peut être que Guilleragues, et la princesse, Henriette d'Angleterre, qui protégeait Racine, Boileau et

---

1. André Lebois, dans les articles cités à la p. 41, n. 1 ; Giorgio Mirandola, dans l'article « Guilleragues » du *Dizionario critico della letteratura francese*, Turin, 1973 ; Yves Florenne, qui s'exprime comme suit dans l'édition citée p. 40, n. 3 : « Quoi ! ce Gascon remuant, vaniteux, bavard [...] ne se serait jamais pavané dans ce succès inespéré [...] ? On est presque étonné de ce que, n'étant pas l'auteur des *Lettres,* et n'étant tout de même pas le dernier à l'ignorer dans l'ignorance générale [?], il n'ait pas suggéré qu'il pourrait bien l'être » (p. 69-70).
2. On les trouvera exposés dans notre « Bilan du quart de siècle », état présent (en 1984) décrit dans la note bibliographique, p. 204.
3. Jean de Vanel, conseiller en la cour des comptes de Montpellier, qui, d'après ses biographes, « passa sa vie à Paris parmi les savants et les gens de lettres » ; voir p. 16, ainsi que la note suivante.

Guilleragues lui-même[1]. Enfin, Bruzen de La Martinière, très versé dans les matières d'édition et de journalisme, donne expressément Guilleragues comme l'auteur, et non plus seulement comme le traducteur[2].

Était-il capable d'écrire ces fameuses Lettres ? Tout le suggère. Déjà, lorsque le prince de Conti le prend pour son secrétaire des commandements, la *Gazette* de Robinet vante son « esprit rare et sublime » ; on verra qu'il a collaboré avec Molière[3]. Quelques mois après la publication des *Portugaises,* alors que le Roi est sur le point de l'agréer comme son secrétaire intime[4], Donneau de Visé le présente comme un homme qui « fait très bien les vers, aussi bien que les lettres amoureuses ». Boileau lui dédiera en termes flatteurs sa cinquième *Épître*[5]. Racine lui donnera « quelque part » en ses tragédies[6]. Antoine Galland dédiera les *Mille et Une Nuits* à sa fille, en mémoire du « génie le plus capable de goûter et de faire estimer les belles choses ». Enfin, dans une lettre à Mme de La Sablière[7], Guilleragues lui-même déclare qu'il aurait pu être auteur « à peu près comme celui qui compose sans cesse des vers à [sa] louange », c'est-à-dire La Fontaine. Les conventions sociales du temps expliquent assez qu'un gentilhomme fier de sa race, familier du

1. Jacques Chupeau, « Vanel et l'énigme des *Lettres portugaises* », article paru dans la *Revue d'Histoire Littéraire de la France,* 1968, p. 221-228.

2. Dans une nouvelle édition (1721) des *Plus Belles Lettres françaises* de Richelet (voir ci-dessus, p. 19, n. 1) ; voir Jacques Chupeau, « A propos de quelques éditions oubliées des *Lettres portugaises* », *Revue d'Histoire Littéraire de la France,* 1972, p. 119-126.

3. Sur les relations avec Conti, voir p. 120 ; sur la collaboration avec Molière, voir p. 112, et p. 120, n. 1.

4. Voir p. 129 ; le témoignage de Donneau de Visé, qui figure dans *L'Amour échappé,* reproduit et discuté dans le « Bilan du quart de siècle » (voir la bibliographie, p. 204).

5. C'est l'Épître *À M. de Guilleragues,* dont on trouvera les premiers vers cités plus loin, p. 130.

6. Voir la lettre à Racine, p. 194.

7. Voir p. 152.

Roi, ambassadeur de France, ne prenne pas la qualité d'homme de lettres.

Mariane, double de Guilleragues

Aussi rigoureuse qu'elle soit, l'argumentation qui précède reste dans une certaine mesure extérieure. Pour trancher la question de savoir si Guilleragues a été un créateur ou un simple adaptateur, il faut savoir si on le retrouve dans les *Lettres portugaises.* Une réponse négative à cette question ne serait d'ailleurs pas suffisante pour lui en ôter la paternité : il est des créateurs qui, comme Racine, ne se livrent guère en dehors de leurs créations. Une réponse positive aurait en revanche le plus grand poids, et c'est précisément ce qu'on va trouver.

Les *Lettres portugaises,* nul ne peut le contester, sont l'œuvre d'un maître dans l'art épistolaire. Elles dénotent une sensibilité très vive ; mais en même temps, comme Spitzer l'a remarqué avec sa pénétration habituelle, cette sensibilité est relevée par des traits d'ironie amère ou d'humour cinglant. Sous leur apparente spontanéité, elles témoignent, comme l'a démontré Jacques Rougeot[1], d'une remarquable culture antique. L'originalité de leur style avait déjà frappé les contemporains. Il n'est pas jusqu'à certains traits de langue que ne remarquent pas seulement les spécialistes modernes, mais qui avaient donné lieu à des « corrections » de la part d'éditeurs contemporains. Tous ces caractères distinctifs peuvent être rapportés à Guilleragues, et à lui seul.

Soit les problèmes de langue. L'orthographe de Guilleragues, qui est excellente, comporte une particularité, correspondant à une prononciation méridionale : la présence d'un « *e* d'appui » dans des formes comme

---

1. Voir F. Deloffre et J. Rougeot, « Les *Lettres portugaises :* miracle d'amour ou miracle de culture ? », *Cahiers de l'Association Internationale des Études Françaises,* n° 20, mai 1968, p. 19-37.

« devera », « apprendera » pour « devra », « apprendra ». Fait remarquable, on la rencontre dans l'édition originale des *Portugaises*[1]. Autre exemple, concernant cette fois la syntaxe. Les traités du temps blâment comme un « gasconisme » l'emploi de l'indicatif (futur) au lieu du subjonctif après des tours marquant la crainte, ou après « il est possible que ». Cette particularité apparaît aussi, deux fois, dans les plus anciennes éditions des *Lettres portugaises* avant d'être éliminée dans des éditions postérieures[2].

Les faits de style, plus individuels que les faits de langue, sont plus probants encore. On remarque dans les *Lettres portugaises* un goût décidé pour les adverbes en *-ment*; le poids que prend un « peut-être » détaché entre deux virgules, etc. ; les liaisons par « *et* décalé » entre deux termes qui ne sont pas sémantiquement sur le même plan : autant de traits qu'on retrouve dans la correspondance de Guilleragues.

Les contemporains, on l'a vu, avaient regretté que les phrases des *Portugaises* fussent « sans mesure[3] », c'est-à-dire qu'elles ne se refermassent pas comme les périodes canoniques. Non seulement les phrases de Guilleragues sont du même type, mais, fait beaucoup plus notable encore, divers schémas logico-rythmiques complexes, correspondant à certains mouvements affectifs, tels que Leo Spitzer en avait déjà remarqué dans les *Lettres portugaises,* réapparaissent dans les écrits familiers ou administratifs de Guilleragues ; il est même capable d'en faire lui-même un autopastiche burlesque[4] : qui pourrait dire

---

1. Voir « deueroit », p. 102 et n. 6.
2. Ces particularités apparaissent p. 82 et n. 6, p. 92 et n. 5, etc. Elles sont éliminées par Richelet dans son *Recueil des plus belles lettres ;* voir J. Chupeau, « Les remaniements des *Lettres portugaises* dans le *Recueil des plus belles lettres [...]* », *Le Français moderne,* 1970, p. 44-58.
3. Ainsi Guéret, cité p. 14.
4. Le passage de la lettre à Mme de La Sablière qui va de « Il faut avouer que, si monsieur le duc... » jusqu'à « *Disce, puer, virtutem ex me* », p. 158-159, pastiche un schéma de nature syntaxique et rythmique en même temps

après cela que le style de Mariane n'est pas le sien ?

Il peut sembler paradoxal de parler de la culture dont témoignent les *Lettres portugaises*. À la différence d'œuvres contemporaines comme les tragédies de Racine, celle-ci ne se réfère, en effet à aucune tradition, puisqu'elle se présente comme le fruit spontané d'une situation sentimentale. Pourtant, elle ne relève pas seulement d'un genre, l'Héroïde, qui remonte à l'Antiquité classique et auquel on ne manquera pas de la rattacher [1], mais on y relève une foule de réminiscences si bien assimilées qu'elles ont longtemps échappé à des critiques aussi avertis que von Waldberg, Green ou Spitzer, et qui sont pourtant indiscutables dès qu'on les a remarquées. Or, Guilleragues est lui-même aussi grand connaisseur qu'amateur de « la respectable Antiquité [2] ». La magnifique bibliothèque antique qu'il possède de famille, son éducation au collège de Navarre, réputé pour les humanités, ses lectures assidues des poètes latins, de Virgile surtout, lui permettent de jouer de cette culture avec une parfaite aisance [3]. Pour lui comme pour Mariane, c'est là que sa sensibilité trouve son expression la plus poignante, et parfois la plus piquante.

---

que psychologique (établissant un lien entre une situation psychologique donnée, perception d'un faisceau de motifs convergents et pourtant inopérants, et la création d'une phrase en « éventail refermé »), auquel nous avons donné le nom de « schéma de Spitzer », en mémoire de ce critique qui l'avait identifié à propos du passage de la troisième *Lettre portugaise,* depuis « j'avais même pensé à quelques faibles projets... » jusqu'à « ... s'il me devenait nécessaire », p. 84. On trouvera l'étude détaillée du procédé, avec divers autres exemples empruntés tant à la correspondance qu'à des articles écrits par Guilleragues pour la *Gazette de France,* dans F. Deloffre, *Stylistique et poétique françaises,* S.E.D.E.S., 1970, chap. II, « Stylistique et critique d'attribution ».

1. On sait que le genre de l'héroïde, lettre en vers d'une femme à son amant, a été créé par Ovide dans le recueil ainsi nommé (*Héroïdes*). Dorat, dans l'ouvrage cité p. 21, n. 2, a composé une héroïde en paraphrasant les *Lettres portugaises.* Le résultat, faut-il le dire, est affligeant : la pire rhétorique prend la place du naturel, et le pathos celle de la passion.

2. L'expression figure dans la lettre à Racine, p. 190.

3. Voir p. 48, n. 4 et p. 49, n. 1, renvoyant aux p. 164, n. 1 et 2, et 168, n. 2.

Et voici le centre, vainement cherché par ceux qui refusent d'ouvrir les yeux[1], autour duquel s'organisent la personnalité et l'œuvre de Guilleragues. Sa sensibilité, toute vive qu'elle est, reste toujours ornée dans son expression et rehaussée par l'humour. S'il fallait n'en donner qu'un exemple, ce pourrait être ce mot de Mariane dans la quatrième Lettre :

Je n'eusse jamais pensé que mes faveurs vous eussent assez rebuté pour vous obliger à faire cinq cents lieues, et à vous exposer à des naufrages pour vous en éloigner (p. 96).

Il faut en chercher l'origine dans cet amer reproche de Didon à Énée chez Ovide, aux vers 45-46 de l'Héroïde VII qui a beaucoup inspiré Guilleragues :

Non ego sum tanti (quamvis merearis, inique)
Ut pereas, dum me per freta longa fugis,

qu'on peut traduire : « Je ne vaux pas un tel prix pour que, quoique tu le mérites, ingrat, tu périsses sur les vastes mers en me fuyant. »

Dans les deux cas, le dépit d'avoir été méprisée l'emporte encore sur le sentiment de l'abandon, et s'exprime par une pointe consistant dans la substitution *in extremis* d'un mot de sens contraire à celui qu'on attendait, « s'éloigner » au lieu de « rejoindre » en français, « *fugis* » au lieu de « *petis* » en latin. L'esprit de Mariane et celui de Guilleragues ne font qu'un.

---

1. Dans un compte rendu de l'édition de la *Correspondance*, paru dans la *Revue d'Histoire Littéraire de la France*, 1973, p. 823-825, Jean-Michel Pelous trouve que Guilleragues « prend un malin plaisir à l'infirmer, le schéma beuvien qui postule, entre l'homme et l'œuvre, une harmonie consubstantielle et comme préétablie ». Nous dirions plutôt que des œuvres comme la chanson du *Confiteor*, les lettres à Mme de La Sablière, à Seignelay ou à Racine qu'on trouvera plus loin, prennent un malin plaisir à démentir le mot de J.-M. Pelous. On y trouve en effet toujours (dans une proportion évidemment variable suivant les circonstances) la combinaison de sensibilité et d'humour si bien remarquée par Spitzer dans sa pénétrante analyse.

On a toujours admiré la « sensibilité palpitante[1] » qui s'épanche dans les _Lettres portugaises_. Comment peut-on nier que ce cœur blessé par l'absence, déchiré par l'abandon, tenaillé par le sentiment de l'oubli, soit précisément celui de Guilleragues ? « Il n'y a rien au monde qui puisse m'être plus douloureux que votre oubli », écrit-il de Constantinople à Seignelay le 23 mai 1680[2] ; le lendemain, il « supplie » Mme de La Sablière d' « empêcher que [s]es amis ne [l]'oublient absolument », ajoutant ce mot plus poignant que tous ceux de la « Portugaise » : « L'oubli me paraît une mort[3]. »

« Il me semble que je vous parle, quand je vous écris, et que vous m'êtes un peu plus présent », écrivait Mariane dans la quatrième Lettre, qu'elle terminait par ces mots : « J'ai plus de peine à finir ma lettre, que vous n'en avez eu à me quitter, peut-être, pour toujours. » Pour sa part, Guilleragues « sait[t] bien que les lettres sont des entretiens nécessaires ou agréables des amis absents », il en réclame « avec emportement », éprouve « un grand déplaisir » de voir les siennes tomber entre les mains des corsaires. La seule idée de devoir terminer celle qu'il écrit évoque pour lui le sort de Déiphobe arraché par la Sibylle à Énée et renvoyé aux Enfers[4], et lorsqu'il est effectivement obligé de le faire, il se sent replongé dans une mer de ténèbres dont le plaisir d'entretenir sa correspondante l'avait un moment tiré, ce qu'il exprime par un nouveau recours à Virgile :

Adieu, Madame, il est temps de finir, il faut vous laisser :

1. « Sans tenir compte des contraintes sociales », disait Raymond Lebègue au terme d'un exposé sur « les lettres d'amour au xviie siècle » (_Cahiers de l'Association Internationale des Études Françaises_, 1959, p. 85), « la passion se déchaîne [...], c'est une sensibilité haletante et palpitante qui s'épanche. »
2. Voir p. 149.
3. Voir p. 163.
4. Voir p. 164, le passage : « Je vous entretiendrai peu... _reddarque tenebris_ », et la n. 1.

Ecce iterum condit natantia lumina somnus,
Invalidasque manus tendens, heu! non tuus, ambas[1].

Ces vers « assez passionnés », qui mettent en scène Eurydice tendant vainement ses bras à Orphée pendant qu'un sommeil glacé éteint les lumières de ses yeux, révèlent ce que représentent les lettres, pour Guilleragues comme pour Mariane. Elles ont une fonction vitale : les regarder comme un divertissement de société serait une trahison à l'égard de soi-même comme envers le correspondant : « Quel moyen d'examiner une lettre comme un ouvrage, et de mettre en usage tous les préceptes d'Horace et de Quintilien[2] ? » C'est ce qui explique leurs longueurs, leurs apparentes contradictions, ces « adieu » en cascade qui sont autant de fausses sorties ; leur ton aussi. Comme Guilleragues, qui charmait ses amis par ses saillies, mais les inquiétait en même temps par des taquineries poussées[3], Mariane peut aussi user d'un humour grinçant qui ne s'exerce pas seulement sur son amant, mais à l'occasion sur elle-même, soit qu'à propos des « bonnes raisons » qu'elle lui donne pour lui prouver qu'il ne doit aimer qu'elle, elle évoque les moyens « beaucoup meilleurs » qu'elle a employés et qui ne lui « ont pas réussi[4] », soit même que, s'apercevant qu'elle vit toujours alors qu'elle a dit qu'elle devrait mourir, elle s'exclame : « Mon désespoir n'est donc que dans mes lettres[5] ? »

On voit à quel point il est superficiel de dire que « Guilleragues est aussi divers que son œuvre » et qu'il y a chez lui deux styles irréductibles, « le style enjoué des lettres mondaines » et « la fiction sérieuse et éloquente

1. Voir p. 168.
2. Lettre à Mme de La Sablière, p. 162.
3. Mme de Sévigné s'en plaint parfois; tant à propos de Coulanges que de Grignan, victimes des bons mots ou chansons de Guilleragues ; voir par exemple la lettre du 16 juillet 1677, à propos d'une chanson de Guilleragues sur Coulanges que chantait le Roi.
4. Lettre V, p. 102, n. 9.
5. Lettre III, p. 86.

des *Portugaises*[1] ». Ce qui frappe au contraire, c'est l'unité profonde entre l'homme et les productions de son esprit. On ne saurait trop s'en souvenir au moment d'aborder un autre problème âprement disputé depuis une vingtaine d'années, l'interprétation des *Lettres portugaises* maintenant qu'on sait qui les a composées.

ANALYSE D'UN CHEF-D'ŒUVRE

Avant même de s'interroger sur la signification — artistique ou morale — des *Lettres portugaises,* on est obligé de prendre parti sur une question en apparence mineure, mais qui engage toute l'interprétation de l'œuvre. Il s'agit du sens à donner à l'attaque de la première Lettre, et par conséquent de toute la correspondance.

« *Considère, mon amour...* »

En commençant ainsi sa lettre, Mariane s'adresse-t-elle à son amant ou à son amour personnifié ?

Curieusement, les deux interprétations ont coexisté dès l'origine. Dans les *Réponses* de 1669, édition de Paris, reprenant les mots de Mariane, « Considère, mon amour, jusqu'à quel excès tu as manqué de prévoyance. Ah ! malheureux ! tu as été trahi », son amant s'exprime comme suit :

Jugez après cela si votre amour a manqué de prévoyance en mon endroit. Non, non, vous n'êtes point trahie...

C'est donc qu'il entend « mon amour » au sens de « l'amour que j'éprouve ». De même, Du Plaisir, dans un passage déjà cité[2] de ses *Sentiments*, écrit : « Je veux bien croire qu'en Portugal on puisse parler à son amour... », ce

---

1. Mots de Jean-Michel Pelous dans le compte rendu signalé p. 47, n. 1.
2. P. 18.

qui montre qu'il l'a entendu de même. Enfin, parmi les traducteurs, il en est au moins un, Rilke, qui, influencé peut-être par le fait que l'allemand « *meine Liebe* » ne s'emploierait guère au sens de « mon aimé », traduit « Ah ! malheureux ! » par un féminin (« *Du Unselige* ») qui s'accorde avec « *meine Liebe* », mais ne pourrait convenir s'il s'agissait de l'amant.

L'autre interprétation n'est pas moins bien représentée, tant s'en faut. L'auteur des *Réponses* de Grenoble, qui écrit aussi en 1669, après avoir fait commencer la lettre de l'amant par « Adieu Mariane, adieu », utilise aussi le « tu » pendant les vingt premières lignes pour ne plus y revenir ensuite. Plus nettement encore, il prépare le début de la première Lettre de Mariane par un mot de l'amant, « la cruauté d'une absence n'aurait pas entièrement renversé mes plaisirs », ce qui prouve que c'est lui qui est victime de l'absence. Le *Recueil des plus belles lettres* de Richelet corrige « un mortel désespoir, qui ne peut être comparé qu'à la cruauté de l'absence qui le cause » par « un mortel désespoir où te jette l'absence de ce que tu aimes éperdument » : il est clair que ce ne peut être l'amour qui aime ! Enfin, toutes les éditions qui donnent les lettres de Mariane comme la suite de celles d'une « femme du monde » (1709, etc.) remplacent « mon amour » par « mon cher » : nous verrons pourquoi.

L'interprétation spontanée des modernes n'a pas pour nous moins de prix, et par-dessus tout celle de Musset, qui traduit en effet comme suit en « style romantique » le début des *Portugaises* dans la première des *Lettres de Dupuis et Cotonet* (1836) :

Considère, mon amour adoré, mon ange, mon bien, mon cœur, ma vie, toi que j'idolâtre de toutes les puissances de mon âme...

On observe pourtant que si, pendant trois siècles, les opinions sur l'interprétation de ce début ont divergé, nul n'a pris la peine de poser la question pour elle-même. Ainsi, alors que l'étude de von Waldberg, citée plus haut[1], met le prix des *Lettres portugaises* dans la sponta-néité brûlante, faisant fi de toutes les conventions litté-raires, qui s'y exprime, son auteur ne songe pas à se prononcer explicitement sur le sens de la phrase initiale. Le débat a été ouvert de façon curieuse. Dans la discussion sur l'ordre des lettres, que Maurice Paléologue et les partisans de l'authenticité voulaient modifier, Leo Spitzer, pour maintenir en tête la Lettre I, s'était appuyé sur l'argumentation suivante :

Mais le principal argument contre l'arrangement de Paléologue est que la Lettre I doit être laissée à sa place pour des raisons psychologiques et artistiques. D'abord le nom Mariane, si important pour le lecteur, qui doit fixer son attention sur une héroïne bien définie, figure dans I (adroitement glissé dans le discours du Destin), non dans IV. Ensuite, ce n'est qu'au commencement de I que Mariane tutoie l'amant et l'appelle « mon amour », pour ensuite, dans la même lettre (au moment où elle pense à l' « éloignement » volontaire de l'amant), passer au « vous » qu'elle maintiendra dans le reste de sa correspon-dance. C'est d'ailleurs ce début violent (« Considère, mon amour... »), nous plongeant in medias res, qui produit en nous un effet des plus poignants. Tout se passe comme si le « tu » initial reliait encore la première Lettre, écrite comme si l'amant était parti le jour précédent, à l'intimité d' « entre quatre yeux » dont a pu jouir le couple amoureux avant le départ fatal, alors que le « vous » sied au cérémonial douloureux de l' « éloignement ». Mariane ne se permettra plus les alternances du « tu » et du « vous » dans le même passage (que se permettent les Hermione et les Roxane) : la passion directement parlée ne lui est plus donnée — nous n'en entendrons qu'un écho dans le début de la première Lettre[2].

1. P. 25 et n. 1.
2. Article cité p. 30 et n. 1.

Néanmoins, dans un *addendum* à une édition allemande de son article[1], il abandonnait cette interprétation et admettait que « mon amour » se référait au sentiment de Mariane : il s'était rangé aux vues d'une de ses étudiantes de Heidelberg qui lui avait fait valoir qu'au XVIIᵉ siècle, cette expression ne pouvait désigner une personne aimée.

Du reste, dans une troisième édition représentant l'état définitif de sa pensée, Spitzer devait revenir à son intuition originale[2]. Mais entre-temps, à l'instigation de Wolfgang Leiner[3], tout le débat entre les critiques s'était réduit à la discussion de cette formule initiale. Les arguments des partisans de la thèse qui voit dans « mon amour » le sentiment éprouvé par Mariane sont d'ordre linguistique et d'ordre psychologique.

« Mon amour », dit-on, n'aurait pas été d'usage à l'époque pour parler à une personne aimée, ou du moins n'aurait pas été du bon ton[4] ; comme le dit sans nuance Yves Florenne : « " Mon amour ", pourquoi pas " mon chéri " ! » On ajoute[5] que nulle part ailleurs Mariane ne tutoie son amant.

La réponse est aisée. Comme le latin, comme l'italien ou l'anglais, le français classique désigne, dans le meilleur ton, la personne aimée par « mon amour ». Cet emploi apparaît déjà chez Ronsard : il succède dans le beau style

1. Version de 1959.
2. Leo Spitzer, *Texterklärungen*, éd. par Norbert Miller, Munich, 1969 ; non seulement l'*addendum* est supprimé, mais « mon amour » est traduit par « *mein Geliebter* », ce qui ne laisse place à aucun doute.
3. Wolfgang Leiner a écrit sur la question trois articles ; « Vers une nouvelle interprétation des *Lettres portugaises* : Mariane entre son amour et son amant », *Romanische Forschungen*, 1964, p. 64-74 ; « De nouvelles considérations sur l'apostrophe initiale des *Lettres portugaises* », *ibid.*, 1966, p. 548-566 ; « L'amour de Mariane, Du Plaisir et la rhétorique du sentiment », *Œuvres et critiques*, I, 1976, p. 125-145.
4. « il est hautement improbable que la formule " mon amour " au début d'une œuvre de style noble désigne l'homme aimé », écrit W. Leiner dans l'article de 1976, p. 130.
5. C'est le seul argument de Bernard Bray et Isabelle Landy-Houillon dans leur édition parue dans la collection GF, Flammarion, 1983.

à « m'amour », qui s'embourgeoise. On le rencontre souvent dans les lettres de la princesse de Conti à son mari, dont Guilleragues était le porteur, à côté de « mon ange », « mon tout », et avec des variantes telles que « mon pauvre amour », « mon cher amour ».

Spécialement, « mon amour » implique l'existence de liens charnels. Jacques Rougeot a découvert des lettres du temps dans lesquelles les correspondants commencent à en user du jour où ils sont devenus « techniquement amants ». Ils se mettent en même temps à se tutoyer, ce qui répond à la seconde partie de l'objection présentée plus haut.

Du reste, si l'auteur voulait entendre que Mariane s'adresse ici à quelqu'un d'autre que son correspondant, il tendrait au lecteur un piège inimaginable. L'usage élégant, mis à la mode par Mme de Sablé[1], consiste, dans une lettre familière, amoureuse notamment, à placer le nom de la personne à qui on s'adresse, non pas en tête, comme dans une lettre de caractère formel, mais immédiatement après l'attaque, constituée ordinairement par un verbe. Ainsi, Guilleragues écrivant à Mme de La Sablière : « Je suis bien surpris, Madame[2]... » ; à Seignelay : « Je crains, Monsieur[3]... » ; à Racine : « J'ai été sensiblement attendri et flatté, Monsieur[4]... » ; on lit de même, dans les *Lettres de Babet,* de Boursault, exactement contemporaines (1669) : « Je sais bien, charmante Babet... », « Je vous aime, Babet... » ; dans les *Lettres galantes de Mme****, de la présidente Ferrand (1691) : « Tu m'accusais, ingrat... », « vous me faites mourir, mon cher enfant... » ; dans *Les Illustres Françaises,* de Robert Challe : « Vous n'êtes point, belle Angélique... » La première des *Réponses* de Grenoble commence, on l'a vu, par « Adieu Mariane, adieu... », etc. Contre des milliers d'exemples de ce genre,

---

1. Voir p. 117.
2. Voir p. 151.
3. Voir p. 176.
4. Voir p. 189.

nous mettons au défi qu'on en trouve un dans lequel le nom ainsi détaché après l'attaque désignerait autre chose que le correspondant.

L'interprétation imposée par cet usage est si contraignante que les partisans de la thèse adverse en sont réduits à mettre en doute l'évidence : « Guilleragues a-t-il eu vraiment l'intention d'écrire des lettres ? Nous n'en savons rien », dit Wolfgang Leiner, qui, allant plus loin, affirme que, si c'est le cas, il a eu tort :

> *Tout ce que nous pouvons dire est que, si son intention était en effet d'écrire des lettres, il a mal commencé la première missive,* car *[c'est nous qui soulignons] l'apostrophe initiale est adressée à la passion de la* persona *et non pas à son amant*[1].

Il n'y a pas là seulement un paradoxe, mais, pour peu qu'on lise la suite du texte avec attention, une impossibilité : « Une passion sur laquelle tu avais fait tant de projets de plaisirs, ne te cause présentement qu'un mortel désespoir... » Wolfgang Leiner glose : « C'est évidemment l'amour-passion de Mariane qui avait fait tant de projets de plaisirs. » Mais le texte *distingue* les termes « mon amour » et « une passion[2] ». Qu'est-ce que cette passion qui cause un désespoir à l'amour ? Qu'est-ce que cette façon d'apostropher un sentiment en l'appelant « Malheureux ! » et en parlant de son « désespoir » ? Quel auteur, si ce n'est un burlesque, écrirait ainsi, et pourrait-on citer un trait de ce genre dans tous les écrits de Guilleragues ?

Pourquoi alors l'erreur a-t-elle été faite ? Parce que ce début si « violent », comme disait Spitzer, disons si sensuel et si intime, allait au-delà de ce que permettaient les habitudes du temps ; c'est ce dont témoignent les remaniements qui remplacent « mon amour » par « mon

---

1. Article de 1976, p. 130.
2. Dirait-on (*a fortiori* dans le « style noble » que Wolfgang Leiner trouve dans les *Portugaises*) : « la passion de voyager sur laquelle mon amour des voyages avait fait tant de projets de plaisirs » ?

cher », puis par « Chamilly » ! Mais si l'auteur s'en est servi, c'est précisément parce qu'il a voulu donner à son œuvre un ton d'authenticité, rompant délibérément avec la fadeur du langage de roman.

Le second argument, le seul à vrai dire, des partisans de la thèse « mon amour » = « ma passion » est que Mariane ne peut pas s'adresser à son amant dans les termes où elle le fait. Ainsi, dit Wolfgang Leiner, « le mot " désespoir " n'est jamais utilisé que pour caractériser l'état de Mariane », et non celui de son amant.

Ici encore, une lecture un peu attentive du texte dément cette affirmation. La première Lettre, comme l'avait remarqué Spitzer, est « relativement optimiste ». L'amante évoque avec attendrissement « ces yeux dans lesquels [elle] voyai[t] tant d'amour, et qui [lui] faisaient connaître des mouvements qui [la] comblaient de joie, [...] et qui enfin [lui] suffisaient ». Employé à la façon du latin « *iste* », comme un démonstratif de la seconde personne, « ces », dans « ces yeux », ménage le passage du « tu » initial, entraîné par le souvenir brûlant des moments que Mariane revit, à un « vous » plus froid, quand elle prend une conscience encore confuse de la trop grande résignation de son amant à la séparation. Encore ne veut-elle pas s'y arrêter : « Je ne puis me résoudre à juger si injurieusement de vous. » Elle-même déclare qu'elle n'a eu que « de faux soupçons » ; elle confesse qu'elle serait « ingrate » si elle ne continuait pas à aimer l'absent « avec les mêmes emportements que [sa] passion [lui] donnait ». Du reste, la « dernière lettre » reçue de son amant n'avait pas de quoi la désespérer. Si cela avait été le cas, son cœur n'aurait pas eu « des mouvements sensibles » pour aller le retrouver. Elle évoque la perspective d'une nouvelle rencontre :

Je ne puis vous oublier, et je n'oublie pas aussi que vous m'avez fait espérer que vous viendriez passer quelque temps avec moi.

Comme elle s'est laissée aller à de nouveaux reproches, elle lui en « demande pardon », elle ne lui « impute rien » ; elle n'accuse que « le destin ». Encore l'amour sera-t-il le plus fort :

> *Il me semble qu'en nous séparant, il [le destin] nous a fait tout le mal que nous pouvions craindre ; il ne saurait séparer nos cœurs ; l'amour, qui est plus puissant que lui, les a unis pour toute notre vie.*

Sur quoi elle réclame encore des lettres, une visite, envie le sort de sa lettre qui « tombera entre [les] mains » de son amant. Il est impossible de nier sans mauvaise foi que cette lettre est beaucoup plus amoureuse que désespérée, et ne témoigne en rien de la « folie » qu'on prétend y voir.

Car tout se tient. A partir du moment où l'on commet un contresens sur l'apostrophe initiale, c'est toute l'interprétation de l'œuvre qui se trouve faussée.

Rhétorique ou naturel ?

On peut même aller plus loin. Si un certain nombre de lecteurs se sont trompés dans leur compréhension du texte, n'est-ce pas parce qu'ils en avaient une idée préconçue ? On peut déjà se poser la question à propos de Du Plaisir, qui, dans ses *Sentiments sur les lettres*, réfléchit aux limites que les auteurs de lettres présentées comme « amoureuses » devraient, en France, s'assigner dans leur emploi des figures excessives[1]. C'est peut-être encore plus vrai depuis qu'on admet l'attribution à Guilleragues. Le fait d'accorder à l'œuvre un statut littéraire créerait, selon certains[2], « un vide que la critique a aujourd'hui le devoir de remplir ». Et ce vide, c'est à la rhétorique, devenue plus encore à la mode que la linguistique, qu'on demande de le combler. Comme l'écrit un des plus récents commen-

---

1. Voir l'article de Philippe Hourcade, « Du Plaisir et l'apostrophe initiale de la première Lettre portugaise », dans la *Revue d'Histoire Littéraire de la France,* 1973, p. 1043-1045.
2. Jean-Michel Pelous, cité par Susan Carrell ; voir p. 58, n. 1.

tateurs[1], « l'usage que Guilleragues fait de la rhétorique
est généralement admis ». Il vaut la peine d'examiner
cette proposition de plus près.

Wolfgang Leiner a encore été ici un initiateur. Très
influencé par la lecture du petit traité de Du Plaisir, il
admet avec Renan qu'il existe une rhétorique des peuples
latins, dont les *Lettres portugaises* fourniraient un exemple. Dans cette perspective, l'apostrophe initiale à l'amour
serait la « figure de passion » qui dévoile, *ex abrupto,*
l'état déplorable dans lequel le départ de l'officier a plongé
Mariane : « Tous ceux qui me parlent croient que je suis
folle. »

Que certains croient que Mariane est folle ne prouve pas
qu'elle le soit, et d'ailleurs cette phrase est tirée de la
seconde Lettre, où les choses ont changé. Mais surtout,
pourquoi Guilleragues se référerait-il à la rhétorique du
père Lamy, invoqué par Wolfgang Leiner, alors qu'il
récuse les modèles bien meilleurs d'Horace et de Quintilien ?

On nous dit que si le début de la première Lettre se
présente comme « une introduction conçue selon l'esprit
et la règle des traités de rhétorique », c'est parce qu'elle
comporte une « apostrophe, figure tout à fait propre à
l'exorde » : peut-être même, suggère Wolfgang Leiner,
Guilleragues a-t-il ajouté ce passage à la dernière minute,
« quasi comme un spécimen d'exorde véhément où l'ora-
teur entre brusquement en matière ». La preuve ne vaut
guère mieux que ce qu'on entend démontrer.

Il est vrai que l'apostrophe peut avoir sa place dans
l'exorde d'un discours : « *Quousque tandem abutere, Cati-
lina, patientia nostra...* » Mais il ne s'agit pas ici d'une
harangue : il s'agit d'une correspondance (fictive), réduite
même aux lettres de l'amante. Comment informer le

---

1. Susan Lee Carrell, dans *Le Soliloque de la passion féminine ou le
dialogue illusoire, Étude d'une formule monophonique de la littérature
épistolaire,* dans « Études littéraires françaises », collection dirigée par
Wolfgang Leiner, Tübingen, 1981.

lecteur de la situation sans nuire à l'impression d'authenticité qu'il doit ressentir ? De même que les tragiques
contemporains avaient remplacé l'antique « didascalie »
par une « exposition », Guilleragues laisse entendre ce
qu'il faut savoir par le titre de l'ouvrage *(Lettres portugaises traduites en français),* par l'avis « Au lecteur », par
l'attaque qui à elle seule précise les rapports des personnages, enfin par la prosopopée de la mauvaise fortune[1],
dans laquelle, comme l'avait remarqué Spitzer, est habile-
ment glissé le nom de l'héroïne, nécessaire pour fixer
l'intérêt du lecteur.

Ce rapprochement que nous avons été amenés à faire
avec la tragédie va se trouver mis à l'épreuve à propos du
point suivant. Les *Portugaises* sont-elles (plutôt) une
plainte ou (plutôt) un drame ?

Lamento statique ou drame psychologique ?

« Les jeux sont faits dès le lever du rideau », disent
Bernard Bray et Isabelle Landy-Houillon dans leur édition[2] ; et, ajoutent-ils en reprenant à Wolfgang Leiner les
termes « exorde » et « discours », l'apostrophe initiale à
l'amour « inaugure dès l'exorde » un « discours monologi-
que ». C'est aussi ce que tente de démontrer Susan Lee
Carrell, dans une étude également inspirée des recherches
de Leiner[3]. On peut la suivre lorsqu'elle pose, non sans
bonheur, un « type portugais » de la littérature épistolaire :

*Une voix unique qui s'élève, cherche à atteindre autrui,
puis se tait dans la solitude : tel sera l'élément commun du
type portugais romanesque.*

1. Cette figure, dans laquelle on fait parler des objets inanimés, est
classique ; on la trouve deux fois dans la première Lettre, d'abord
appliquée à la mauvaise fortune, puis aux soupirs. Il faut remarquer qu'elle
ne se confond pas avec la figure qu'on voudrait trouver au début du texte,
où l'on *parlerait à l'inanimé.*
2. Voir p. 53, n. 5.
3. Voir p. 58 et n. 1.

Là où, en revanche, on n'est plus d'accord, c'est lorsque, définissant deux « pôles » dans cette formule, l'un tourné vers l'extérieur (les lettres d'Héloïse), l'autre représenté par des lettres « presque exclusivement réfléchies » (les *Portugaises*), elle oublie bientôt ce « presque », qu'elle avait d'abord songé à illustrer en montrant comment s'opère le « passage » à ce mode réfléchi, pour ne plus faire place qu'au « caractère fondamentalement réfléchi du discours dès le début ». Outre l'emploi fâcheux du mot « discours », c'est là poser ce qui est en question. Dès lors, notre critique, à l'image de la Mariane qu'elle nous présente, ne fait plus que ressasser : « l'amour de Mariane est essentiellement, au niveau psychologique le plus profond, un monologue » (p. 44) ; « un discours qui, monologue par essence, est condamné d'avance au solipsisme » (p. 45), etc. Réduisant la correspondance à un « faux dialogue épistolaire », sans préciser que le mot « faux » porte plutôt sur « dialogue » que sur « épistolaire », Susan Carrell en arrive à dire que les Lettres « débutent par un monologue », en d'autres termes que l'apostrophe « mon amour » s'adresse au sentiment de Mariane :

Au début, le monologue. La parole naît dans le silence, dans la solitude où Mariane s'adresse ses premières paroles. Elle se regarde, elle se penche sur ses propres sentiments (p. 44).

Cette « intimité » née d'une séparation récente et un instant revécue par Mariane, si justement signalée par Spitzer, n'existe plus, pour notre critique, « qu'entre Mariane et ses propres sentiments » (p. 44). Le correspondant finit par devenir gênant : « L'amant ne sera jamais que " vous ", un " vous " qui se détache avec une certaine ambiguïté sur un fond de monologue » (*ibid.*). Ce n'est pas que ce « vous » se détache mal, il n'existe pas. Là où tout faisait attendre le destinataire, là où apparaissait le mot le plus propre pour le désigner, il était dérobé par un tour de passe-passe au profit d'un *concetto* baroque. Comment le reconnaîtrait-on maintenant ?

L'erreur sur l'apostrophe initiale n'obscurcit pas seulement le sens du texte, elle amène les commentateurs à ne
plus voir l'héroïne que comme une Danaïde s'efforçant de
remplir de ses larmes un tonneau sans fond. Cette
lamentation solipsiste et tautologique, on ne voit pas
pourquoi elle s'arrêterait, pas plus qu'on n'a vu pourquoi
elle a commencé. Certes, la situation elle-même « varie
peu », comme disait Spitzer : cela ne signifie pas qu'elle ne
varie pas du tout. Surtout, ce sont les sentiments de
Mariane qui changent. Susan Carrell en est elle-même
consciente, puisqu'elle montre comment ses réactions à un
même événement le « constituent peu à peu », selon le
jugement de plus en plus critique qu'elle porte sur lui.
Ainsi, dans la première Lettre, l'amant était simplement
« résolu à un éloignement » ; dans la troisième, Mariane
commence à parler d' « assez méchants prétextes » ; dans
la quatrième, ils sont détaillés avec ironie (famille, honneur, le vaisseau qui partait, le Roi...) ; dans la cinquième,
selon le mot de Susan Carrell, elle « finit par regarder en
face les faits qui révèlent les attitudes de l'officier par
rapport à ce départ ».

Mais si l'on veut bien que la lucidité de Mariane sur ce
point ait été acquise progressivement, pourquoi refuser de
reconnaître que les illusions qu'elle avait encore au début
de la correspondance se sont dissipées de la même
manière ? Rien ne le démontre mieux que la façon dont se
résolvent les fameuses « contradictions » qu'on relève
dans les Lettres. Refusera-t-on par exemple de reconnaître un sens dans la façon dont les propositions soutenues
dans la Lettre V répondent à celles de la Lettre I :

Lettre I	Lettre V
[...] *des malheurs dont vous êtes la seule cause (p. 75)*	*je me suis attiré tous mes malheurs (p. 104)*
je suis résolue à vous adorer toute ma vie (p. 77)	*ainsi, je ne dois plus vous aimer (p. 98)*

Je ne puis vous oublier (p. 77)	*je vous ferai connaître [...] que je ne me souviens de vous que lorsque je veux m'en souvenir (p. 105)*
je ne suis pas en état de penser à ma vengeance (p. 78)	*je vous déclare que je vous livrerai à la vengeance de mes parents (p. 104)*
[le destin] ne saurait séparer nos cœurs ; l'amour [...] les a unis pour toute notre vie (p. 78)	*Pourquoi m'avez-vous fait connaître l'imperfection [...] d'un attachement qui ne doit pas durer éternelle-ment ? (p. 101)*
écrivez-moi souvent (p. 78)	*je vous conjure de ne m'écrire plus (p. 100)*
faites-moi souffrir encore plus de maux (p. 78)	*il me semble que vous pou-vez être content des maux que vous me causez (p. 100)*

Niera-t-on après cela qu'il y a chez Mariane une évolution radicale des sentiments qui crée une tension dramatique très différente de cette lamentation immobile à laquelle on prétend réduire l'ouvrage ?

Les Lettres portugaises, *tragédie épistolaire moderne*

Les détours qu'il a fallu faire pour débarrasser l'exégèse des *Lettres portugaises* du faux problème de l'apostrophe initiale n'ont pas été inutiles. Ils ont permis de montrer la nature très particulière de la « rhétorique » de Guillera-gues, si l'on veut à tout prix garder ce mot, qui cherche à ménager une impression de naturel — insupportable à quelques-uns — à l'intérieur d'un langage d'une dignité ornée ; ils ont aussi mis en évidence l'étrange *crescendo* qui fait passer Mariane d'une sensualité brûlante, souvent passée inaperçue, à un détachement glacé. Il reste à montrer comment l'auteur, utilisant et dépassant à la fois les recettes de l'art classique, a su donner une structure à son sujet tout en créant un personnage de chair.

La femme abandonnée n'est plus une lointaine Ariane, c'est une femme vivante dont certains croient pouvoir citer l'amant, qu'on imagine toujours languissante dans ce couvent qui confère à ses sentiments l'ardeur d'un foyer consumant sa propre substance. Mais cette scène d'actualité reste assez lointaine pour garder son mystère. Les quelques détails « portugais », qui recréent assez bien l'atmosphère pour avoir fait illusion à la critique, portugaise comprise, durant trois siècles, ne sacrifient pas à une couleur locale gratuite. Chacun d'entre eux reste lié à un mouvement du cœur de Mariane : Emmanuel et Francisque (p. 81) à l'envie nostalgique qu'elle éprouve de sortir de ce couvent pour suivre son amant ; le « royaume d'Algarve » (p. 89) à une inquiétude et à un reproche ; Dona Brites et « le balcon d'où l'on voit Mertola » (p. 93) à ces raisons de s'affliger que présentent les prétendus remèdes à sa mélancolie ; cependant que, d'autre part, la discrétion avec laquelle est évoquée l'héroïne, la beauté de ses attitudes, jusque dans ses moments d'égarement, la dignité mélodieuse de son langage entretiennent l'atmosphère de « tristesse majestueuse » qui fait le charme de la tragédie.

L'ombre de la tragédie ne règne pas seulement sur la tonalité générale de l'œuvre. Tout en poussant la formule du roman jusqu'à ses extrêmes conséquences par l'effacement total de l'auteur, Guilleragues a su lui donner une structure en empruntant celle d'une tragédie classique ; comme l'avait dit Leo Spitzer,

Les cinq Lettres sont comme les cinq actes condensés d'un drame respectant les unités classiques, à situation variant peu, consistant entièrement en monologues intérieurs.

Cette influence du genre tragique apparaît même dans le détail de la composition. Ainsi, comme on l'a vu, le début de la première Lettre est une habile exposition, réalisée sans confidente ni monologue. La phrase d'attaque plonge le lecteur en pleine crise, par une formule énigmatique (« Considère [...] jusqu'à quel excès tu as manqué de prévoyance »), développée en une proposition dédoublée (« tu as été trahi et tu m'as trahie »). La troisième phrase apporte l'explication en deux temps : « Une passion sur laquelle tu avais fait tant de projets de plaisirs, ne te cause présentement qu'un mortel désespoir [= tu as été trahi], qui ne peut être comparé qu'à la cruauté de l'absence qui le cause [= tu m'as trahie]. » On notera qu'une pudeur pousse Mariane à attribuer à son amant les « projets de plaisirs », qu'elle n'a fait que partager implicitement.

Après cet instant d'intimité, qui correspond à l'exposition dans la mesure où il retrace le passé, le drame commence, et chaque lettre marque un moment de ce drame. Dans la première Lettre, il est encore en suspens : Mariane flotte entre des craintes qu'elle s'efforce de chasser et l'espérance qu'elle veut cultiver. Dans la seconde, une lucidité importune commence à prédominer : Mariane espère, non pas que son amant reviendra, mais au moins qu'il ne l'oubliera pas. Le début de la troisième Lettre est une délibération comparable aux stances cornéliennes : « Qu'est-ce que je deviendrai, et qu'est-ce que vous voulez que je fasse ? » Dans la quatrième, le drame est dans sa crise, la catastrophe finale est annoncée (« la première ne sera pas si longue » : c'est-à-dire qu'elle sera la dernière). Enfin la cinquième, après quelques ultimes convulsions, apporte la purification des passions, la κάθαρσις tragique : le drame s'achève en s'éteignant. La dernière phrase finit par une interrogation, sur un point d'orgue, pour laisser la place au vide du papier et du destin : « suis-je obligée de vous rendre un compte exact de tous mes divers mouvements ? »

Pourtant, si l'on ne peut récuser l'influence de la tragédie, cela ne signifie nullement, comme certains sont tentés de le laisser entendre en parlant de « discours », que la forme épistolaire ne soit ici qu'un artifice technique. La lettre est la forme naturelle d'un tel sujet. Il est même nécessaire, pour des raisons artistiques, que les lettres de l'amant ne soient pas données, puisqu'elles ne peuvent être que « froides, pleines de redites ». Les mêmes nécessités, transposées dans le monde moderne, ont imposé à Cocteau une formule analogue : on sait que, dans *La Voix humaine,* une femme abandonnée par son amant se plaint à lui par téléphone ; comme on n'entend pas les réponses du correspondant, cette pièce en un acte se réduit à un monologue. Dans la situation où est Mariane, les lettres sont pour elle l'unique moyen de communiquer non seulement avec son amant, mais avec elle-même : il vient effectivement un moment où ce second objet l'emporte : « J'écris plus pour moi que pour vous, je ne cherche qu'à me soulager » (IV, p. 97). Les Lettres jouent à la fois le rôle des conversations et des monologues de la tragédie.

Si cette tragédie paraît si moderne, c'est, bien sûr aussi, par sa facture. Elle ne peut être qu'en prose (les adaptations en vers du XVIIIe siècle sont insupportables [1]), et cette prose, les contemporains l'avaient remarqué [2], ne sacrifie pas aux canons traditionnels. Les périodes y sont « sans mesure » : c'est dire que ce ne sont plus des périodes. Les phrases ne composent pas davantage des paragraphes : chacune prend appui sur la précédente par une sorte de glissement sur un mot-relais, comme ici sur le mot « cœur », qui, d'abord présenté au sens figuré, finit par l'être au sens concret, par l'intermédiaire d'un emploi ambigu :

Comment se peut-il faire que les souvenirs des moments si agréables soient devenus si cruels ? et faut-il que, contre leur nature, ils ne servent qu'à tyranniser mon cœur ? Hélas ! votre dernière lettre le réduisit en un étrange état : il

1. Comme celles de Dorat ; voir p. 46, n. 1.
2. On a cité Guéret ; voir. p. 14.

eut des mouvements si sensibles qu'il fit, ce semble, des efforts pour se séparer de moi, et pour vous aller trouver (I, p. 76).

Cette progression véhémente, par vagues successives, donne un grand poids à quelques mots, comme le verbe « voir », inlassablement répété, avec une valeur oscillant entre celle d'une vue simple et la référence au moins implicite à un commerce amoureux. A côté de ce mot marquant la présence, ceux qui traduisent la « non présence » sont également en nombre limité. Au début, il n'est question que d' « absence » (« Quoi ? cette absence, à laquelle ma douleur, tout ingénieuse qu'elle est, ne peut donner un nom assez funeste », p. 75). Le « nom assez funeste » n'est pas encore l' « abandon », qui apparaît à la fin de la première Lettre (« vous saviez bien que vous deviez m'abandonner », p. 78) : c'est l' « oubli ». Rejeté dans la première Lettre (« je ne veux point m'imaginer que vous m'avez oubliée », p. 76), il s'impose à Mariane au début de la seconde :

Je ne puis m'empêcher de vous dire, bien moins vivement que je ne le sens, que vous ne devriez pas me maltraiter comme vous faites, par un oubli qui me met au désespoir, et qui est même honteux pour vous (p. 79).

Dès lors aucune progression n'est plus possible, et c'est sur ces trois termes que reviendra buter Mariane chaque fois qu'elle voudra échapper à l'évidence de son destin.

Cette limitation du lexique a pour corollaire la répétition de certains tours qui, à la façon d'un leitmotiv, produisent un effet obsessionnel. Ainsi, le retour de « je vois bien », « je sens bien », « je connais bien », exprime la reconnaissance désabusée d'une réalité qui s'impose quoi qu'on en ait :

Je connais bien que je me suis abusée (II, p. 79).
Je vois bien le remède à tous mes maux (II, p. 80-81).
Je vois bien que vous aurez seulement pitié de moi (III, p. 86).

Je sens bien que mes remords ne sont pas véritables (III, p. 86).

Je vois bien que la moindre excuse vous suffit (IV, p. 90).

Je vois bien que vous êtes aussi facile à vous laisser persuader contre moi, que je l'ai été à me laisser persuader en votre faveur (IV, p. 91).

Ces exemples confirment que l'auteur des *Lettres portugaises* n'hésite pas à sacrifier l'élégance ou la légèreté à l'expressivité. Il est très significatif que Pierre Richelet, dans son remaniement des Lettres déjà signalé [1], « corrige » son modèle sur presque tous les points. Non content de « fermer » les périodes, il pourchasse les adverbes, spécialement les « bien » dans les phrases qui viennent d'être citées. Au risque de détruire l'enchaînement du texte, il remplace des mots répétés par des synonymes. Il démantèle les paradoxes ; ainsi, « faites-moi souffrir encore plus de maux » devient platement « faites-moi souffrir moins de maux » ; élimine les mots qui lui paraissent peu décents dans la bouche d'une femme (« plaisirs », « jouir », « ma chambre », sans compter, comme on l'a déjà vu, « mon amour »). En un mot, il préfère la froide correction au jaillissement spontané. C'est par référence à cet étalon de l'académisme qu'il faut apprécier l'originalité de l'œuvre de Guilleragues, au lieu de la regarder comme l'exercice scolaire d'un rhétoricien appliqué.

Les Portugaises, *expression d'une société ou d'un individu ?*

Si une culture tant ancienne que moderne parfaitement maîtrisée fournit la matière des *Lettres portugaises,* le traitement de cette matière fait une large place au tempérament individuel. Certes, le mot de Giraudoux dans *Littérature* à propos de Racine : « Dans une civilisa-

1. Voir p. 45, n. 2.

tion dont tous les faîtes sont atteints, le génie ne peut rien prétendre contre le talent. C'est cette civilisation qui a du génie », ce mot n'est pas faux à propos de Guilleragues. Son œuvre majeure, Spitzer l'avait déjà noté, n'aurait pu être conçue en dehors d'une société vouée à l'étude curieuse du cœur humain, joignant à un sens aigu des réalités amoureuses un sens non moins remarquable de la dignité humaine, et aimant consigner le fruit de ses analyses sous une forme achevée.

C'est sans doute essentiellement à ce milieu qu'appartient la conception morale qui s'exprime dans les *Lettres portugaises*. Implicitement, cette conception tout aristocratique ne fait aucune place à la « vertu » (le mot n'est même pas prononcé) : quoi qu'en ait dit von Waldberg, Mariane n'a rien de la « belle âme » à la façon de *La Nouvelle Héloïse*. Dans l'histoire des mentalités, l'originalité majeure de l'ouvrage est de peindre une passion brûlante sans y mêler les conventions d'une vertu équivoque, même pas sous forme de revendication en faveur d'une femme victime de la mauvaise foi masculine. Comme le remarque Jacques Rustin[1], les devoirs, les bienséances même, « ne sont ici que de vagues échos d'un monde aboli ». S'il est une « action si noire » que Mariane en refuse même l'idée, c'est seulement l'infidélité à celui qu'elle aime. Si les *Portugaises* ne contiennent aucune revendication en faveur des droits de l'amour ou de la femme, c'est sans doute que ces droits sont considérés comme acquis dans le monde de Mme de Longueville et de Condé, de Henriette d'Angleterre et de Louis XIV. Le Ciel n'est guère plus présent, soit parce qu'il serait aussi malséant de l'introduire ici qu'au théâtre, soit parce qu'il est peu question de lui dans les mêmes milieux : la seule fois où Mariane évoque son état de religieuse, c'est pour vanter les avantages qu'il présente pour un amant délicat

---

1. « Notes sur les revendications de la sensibilité dans le roman français du XVIIIe siècle », *Travaux de linguistique et de littérature*, V. 2, Strasbourg, 1967, p. 35-47.

par rapport à celui d'une femme mariée ! S'il existe ici une conception morale dominante, c'est un radical pessimisme humain, celui dont le catéchisme, on l'a vu, avait été répandu par La Rochefoucauld.

Mais quelque fortes que soient les influences subies, il faut se garder de voir dans les *Lettres portugaises* l'œuvre d'un simple porte-parole. Elles sont le reflet d'une âme originale ; celle d'un homme facile, indulgent, plus porté à juger les autres d'après ses sympathies ou antipathies personnelles qu'au nom de principes moraux ; qui se disait lui-même doué d' « un peu de goût pour les belles choses et [de] beaucoup pour l'amitié [1] » ; effectivement sensible, artiste, spirituel, mais aussi taquin jusqu'à la satire, dont les « agréments inimitables [2] », qui faisaient le charme de sa société, se déployaient aussi dans des œuvres de circonstance et plus encore dans les lettres qu'on trouvera plus loin [3].

Frédéric Deloffre

1. Lettre à Mme de La Sablière, p. 164.
2. Mot de Galland dans la dédicace des *Mille et Une Nuits*.
3. P. 109-199.

LETTRES PORTUGAISES

traduites en français

AU LECTEUR

J'ai trouvé les moyens, avec beaucoup de soin et de peine [1], de recouvrer une copie correcte de la traduction de cinq *Lettres portugaises* qui ont été écrites à un gentilhomme de qualité, qui servait en Portugal. J'ai vu tous ceux qui se connaissent en sentiments, ou les louer, ou les chercher avec tant d'empressement, que j'ai cru que je leur ferais un singulier plaisir de les imprimer. Je ne sais point le nom de celui auquel on les a écrites, ni de celui qui en a fait la traduction, mais il m'a semblé que je ne devais pas leur déplaire en les rendant publiques. Il est difficile qu'elles n'eussent enfin paru avec des fautes d'impression qui les eussent défigurées.

PREMIÈRE LETTRE

Considère, mon amour, jusqu'à quel excès tu as manqué de prévoyance. Ah! malheureux! tu as été trahi, et tu m'as trahie par des espérances trompeuses. Une passion sur laquelle tu avais fait tant de projets de plaisirs, ne te cause présentement qu'un mortel désespoir, qui ne peut être comparé qu'à la cruauté de l'absence qui le cause. Quoi? cette absence, à laquelle ma douleur, tout ingénieuse qu'elle est, ne peut donner un nom assez funeste, me privera donc pour toujours de regarder ces yeux dans lesquels je voyais tant d'amour, et qui me faisaient connaître des mouvements qui me comblaient de joie, qui me tenaient lieu de toutes choses, et qui enfin me suffisaient? Hélas! les miens sont privés de la seule lumière qui les animait, il ne leur reste que des larmes, et je ne les ai employés à aucun usage qu'à pleurer sans cesse, depuis que j'appris que vous étiez enfin résolu à un éloignement qui m'est si insupportable, qu'il me fera mourir en peu de temps. Cependant il me semble que j'ai quelque attachement pour des malheurs dont vous êtes la seule cause : je vous ai destiné ma vie aussitôt que je vous ai vu, et je sens quelque plaisir en vous la sacrifiant. J'envoie mille fois le jour mes soupirs vers vous, ils vous cherchent en tous lieux, et ils ne me rapportent, pour toute récompense de tant d'inquiétudes, qu'un avertissement trop sincère que me donne ma mauvaise fortune, qui a la cruauté de ne souffrir pas que je me flatte, et qui me dit à tous moments : cesse, cesse, Mariane infortunée, de te consumer vainement, et de chercher un amant que tu ne verras jamais ; qui a passé les mers pour te fuir, qui est en France au milieu des plaisirs, qui ne pense pas un seul moment à tes douleurs, et qui te dispense de tous ces transports, desquels il ne te sait aucun gré. Mais non, je ne puis me résoudre à juger si injurieusement de vous, et je suis trop intéressée à vous justifier : je ne veux point m'imaginer que vous m'avez oubliée. Ne suis-je pas assez malheureuse sans me tourmenter par de faux soupçons ? Et pourquoi ferais-je des efforts pour ne me plus souvenir de tous les soins que vous avez pris de me témoigner de l'amour ? J'ai été si charmée de tous ces soins, que je serais bien ingrate si je ne vous aimais avec les mêmes emportements que ma passion me donnait, quand je jouissais des témoignages de la vôtre [1]. Comment se peut-il faire que les souvenirs des moments si agréables soient devenus si cruels ? et faut-il que, contre leur nature, ils ne servent qu'à tyranniser mon cœur ? Hélas ! votre dernière lettre le réduisit en un étrange état : il eut des mouvements si sensibles, qu'il fit, ce semble, des efforts pour se séparer de moi, et pour vous aller trouver ; je fus si accablée de toutes ces émotions violentes, que je demeurai plus de trois heures abandonnée de tous mes sens : je me défendis de revenir à une vie que je dois perdre pour vous, puisque je ne puis la conserver pour vous ; je revis enfin, malgré moi, la lumière, je me flattais de sentir que je mourais d'amour ; et d'ailleurs j'étais bien aise de n'être plus exposée à voir mon cœur déchiré par la douleur de votre absence. Après ces accidents, j'ai eu beaucoup de différentes indispositions : mais, puis-je jamais être sans maux, tant que je ne vous verrai pas ? Je les supporte cependant sans murmurer, puisqu'ils viennent de vous. Quoi ? est-ce là la récompense que vous me donnez pour vous avoir si tendrement aimé ? Mais il n'importe, je suis résolue à vous adorer toute ma vie, et à ne voir jamais personne ; et je vous assure que vous ferez bien aussi de n'aimer personne. Pourriez-vous être content d'une passion moins ardente que la mienne ? Vous trouverez, peut-être, plus de beauté (vous m'avez pourtant dit autrefois que j'étais assez belle)[2], mais vous ne trouverez jamais tant d'amour, et tout le reste n'est rien. Ne remplissez plus vos lettres de choses inutiles, et ne m'écrivez plus de me souvenir de vous. Je ne puis vous oublier, et je n'oublie pas aussi que vous m'avez fait espérer que vous viendriez passer quelque temps avec moi[3]. Hélas ! pourquoi n'y voulez-vous pas passer toute votre vie ? S'il m'était possible de sortir de ce malheureux cloître, je n'attendrais pas en Portugal l'effet de vos promesses : j'irais, sans garder aucune mesure, vous chercher, vous suivre, et vous aimer par tout le monde. Je n'ose me flatter que cela puisse être, je ne veux point nourrir une espérance qui me donnerait assurément quelque plaisir, et je ne veux plus être sensible qu'aux douleurs. J'avoue cependant que l'occasion que mon frère m'a donnée de vous écrire a surpris en moi quelques mouvements de joie, et qu'elle a suspendu pour un moment le désespoir où je suis. Je vous conjure de me dire pourquoi vous vous êtes attaché à m'enchanter comme vous avez fait, puisque vous saviez bien que vous deviez m'abandonner ? Et pourquoi avez-vous été si acharné à me rendre malheureuse ? que ne me laissiez-vous en repos dans mon cloître ? vous avais-je fait quelque injure ? Mais je vous demande pardon : je ne vous impute rien ; je ne suis pas en état de penser à ma vengeance, et j'accuse seulement la rigueur de mon destin. Il me semble qu'en nous séparant, il nous a fait tout le mal que nous pouvions craindre ; il ne saurait séparer nos cœurs ; l'amour, qui est plus puissant que lui, les a unis pour toute notre vie. Si vous prenez quelque intérêt à la mienne, écrivez-moi souvent. Je mérite bien que vous preniez quelque soin de m'apprendre l'état de votre cœur et de votre fortune ; surtout venez me voir [4]. Adieu, je ne puis quitter ce papier, il tombera entre vos mains, je voudrais bien avoir le même bonheur : hélas ! insensée que je suis, je m'aperçois bien que cela n'est pas possible. Adieu, je n'en puis plus. Adieu, aimez-moi toujours ; et faites-moi souffrir encore plus de maux.

SECONDE LETTRE

Il me semble que je fais le plus grand tort du monde aux sentiments de mon cœur, de tâcher de vous les faire connaître en les écrivant : que je serais heureuse, si vous en pouviez bien juger par la violence des vôtres! Mais je ne dois pas m'en rapporter à vous, et je ne puis m'empêcher de vous dire, bien moins vivement que je ne le sens, que vous ne devriez pas me maltraiter comme vous faites, par un oubli qui me met au désespoir, et qui est même honteux pour vous[1]; il est bien juste, au moins, que vous souffriez que je me plaigne des malheurs que j'avais bien prévus, quand je vous vis résolu de me quitter; je connais bien que je me suis abusée, lorsque j'ai pensé que vous auriez un procédé de meilleure foi qu'on n'a accoutumé d'avoir, parce que l'excès de mon amour me mettait, ce semble, au-dessus de toutes sortes de soupçons, et qu'il méritait plus de fidélité qu'on n'en trouve d'ordinaire : mais la disposition que vous avez à me trahir l'emporte enfin sur la justice que vous devez à tout ce que j'ai fait pour vous; je ne laisserais pas d'être bien malheureuse, si vous ne m'aimiez que

parce que je vous aime, et je voudrais tout devoir à
votre seule inclination ; mais je suis si éloignée d'être
en cet état, que je n'ai pas reçu une seule lettre de
vous depuis six mois. J'attribue tout ce malheur à
l'aveuglement avec lequel je me suis abandonnée à
m'attacher à vous ; ne devais-je pas prévoir que mes
plaisirs finiraient plus tôt que mon amour ? pouvais-
je espérer que vous demeureriez toute votre vie en
Portugal, et que vous renonceriez à votre fortune et
à votre pays, pour ne penser qu'à moi ? Mes
douleurs ne peuvent recevoir aucun soulagement, et
le souvenir de mes plaisirs me comble de désespoir :
quoi ! tous mes désirs seront donc inutiles, et je ne
vous verrai jamais en ma chambre avec toute
l'ardeur et tout l'emportement que vous me faisiez
voir ? mais hélas ! je m'abuse, et je ne connais que
trop que tous les mouvements qui occupaient ma
tête et mon cœur n'étaient excités en vous que par
quelques plaisirs, et qu'ils finissaient aussi tôt
qu'eux ; il fallait que dans ces moments trop heureux
j'appelasse ma raison à mon secours pour modérer
l'excès funeste de mes délices, et pour m'annoncer
tout ce que je souffre présentement : mais je me
donnais toute à vous, et je n'étais pas en état de
penser à ce qui eût pu empoisonner ma joie, et
m'empêcher de jouir pleinement des témoignages
ardents de votre passion[2] ; je m'apercevais trop
agréablement que j'étais avec vous pour penser que
vous seriez un jour éloigné de moi. Je me souviens
pourtant de vous avoir dit quelquefois que vous me
rendriez malheureuse : mais ces frayeurs étaient
bientôt dissipées, et je prenais plaisir à vous les
sacrifier, et à m'abandonner à l'enchantement et à la
mauvaise foi[3] de vos protestations. Je vois bien le

remède à tous mes maux, et j'en serais bientôt
délivrée si je ne vous aimais plus : mais, hélas ! quel
remède ! non, j'aime mieux souffrir encore davantage que vous oublier. Hélas ! cela dépend-il de
moi ? Je ne puis me reprocher d'avoir souhaité un
seul moment de ne vous plus aimer : vous êtes plus à
plaindre que je ne suis, et il vaut mieux souffrir tout
ce que je souffre, que de jouir des plaisirs languis-
sants que vous donnent vos maîtresses de France. Je
n'envie point votre indifférence, et vous me faites
pitié : je vous défie de m'oublier entièrement ; je me
flatte de vous avoir mis en état de n'avoir sans moi
que des plaisirs imparfaits, et je suis plus heureuse
que vous, puisque je suis plus occupée. L'on m'a fait
depuis peu portière[4] en ce couvent ; tous ceux qui
me parlent croient que je suis folle, je ne sais ce que
je leur réponds, et il faut que les religieuses soient
aussi insensées que moi, pour m'avoir crue capable
de quelques soins. Ah ! j'envie le bonheur d'Emmanuel et de Francisque* ; pourquoi ne suis-je pas
incessamment avec vous, comme eux ? je vous aurais
suivi, et je vous aurais assurément servi de meilleur
cœur : je ne souhaite rien en ce monde, que vous
voir. Au moins souvenez-vous de moi. Je me
contente de votre souvenir, mais je n'ose m'en
assurer. Je ne bornais pas mes espérances à votre
souvenir, quand je vous voyais tous les jours ; mais
vous m'avez bien appris qu'il faut que je me
soumette à tout ce que vous voudrez. Cependant je
ne me repens point de vous avoir adoré, je suis bien
aise que vous m'ayez séduite ; votre absence rigou-

---

* Deux petits laquais portugais (note de l'édition originale).

reuse, et peut-être éternelle, ne diminue en rien
l'emportement de mon amour : je veux que tout le
monde le sache, je n'en fais point un mystère, et je
suis ravie d'avoir fait tout ce que j'ai fait pour vous
contre toute sorte de bienséance ; je ne mets plus
mon honneur et ma religion qu'à vous aimer éperdument toute ma vie, puisque j'ai commencé à vous
aimer. Je ne vous dis point toutes ces choses pour
vous obliger à m'écrire. Ah ! ne vous contraignez
point, je ne veux de vous que ce qui viendra de votre
mouvement, et je refuse tous les témoignages de
votre amour, dont vous pourriez vous empêcher :
j'aurai du plaisir à vous excuser, parce que vous
aurez, peut-être, du plaisir à ne pas prendre la peine
de m'écrire ; et je sens une profonde disposition à
vous pardonner toutes vos fautes. Un officier français a eu la charité de me parler ce matin plus de
trois heures de vous, il m'a dit que la paix de France[5]
était faite : si cela est, ne pourriez-vous pas me venir
voir, et m'emmener en France ? Mais je ne le mérite
pas, faites tout ce qu'il vous plaira, mon amour ne
dépend plus de la manière dont vous me traiterez.
Depuis que vous êtes parti, je n'ai pas eu un seul
moment de santé, et je n'ai aucun plaisir qu'en
nommant votre nom mille fois le jour ; quelques
religieuses, qui savent l'état déplorable où vous
m'avez plongée, me parlent de vous fort souvent ; je
sors le moins qu'il m'est possible de ma chambre, où
vous êtes venu tant de fois, et je regarde sans cesse
votre portrait, qui m'est mille fois plus cher que ma
vie. Il me donne quelque plaisir : mais il me donne
aussi bien de la douleur, lorsque je pense que je ne
vous reverrai peut-être jamais ; pourquoi faut-il qu'il
soit possible que je ne vous verrai[6] peut-être

jamais ? M'avez-vous pour toujours abandonnée ? Je
suis au désespoir, votre pauvre Mariane n'en peut
plus, elle s'évanouit en finissant cette lettre. Adieu,
adieu, ayez pitié de moi.

TROISIÈME LETTRE

Qu'est-ce que je deviendrai[1], et qu'est-ce que vous voulez que je fasse ? Je me trouve bien éloignée de tout ce que j'avais prévu : j'espérais que vous m'écririez de tous les endroits où vous passeriez, et que vos lettres seraient fort longues ; que vous soutiendriez ma passion par l'espérance de vous revoir, qu'une entière confiance en votre fidélité me donnerait quelque sorte de repos, et que je demeurerais cependant dans un état assez supportable sans d'extrêmes douleurs : j'avais même pensé à quelques faibles projets de faire tous les efforts dont je serais capable pour me guérir, si je pouvais connaître bien certainement que vous m'eussiez tout à fait oubliée ; votre éloignement, quelques mouvements de dévotion, la crainte de ruiner entièrement le reste de ma santé par tant de veilles et par tant d'inquiétudes, le peu d'apparence de votre retour, la froideur de votre passion et de vos derniers adieux, votre départ, fondé sur d'assez méchants prétextes, et mille autres raisons, qui ne sont que trop bonnes, et que trop inutiles, semblaient me promettre un secours assez assuré, s'il me devenait nécessaire[2]. N'ayant enfin à combattre que contre moi-même, je ne pouvais jamais me défier de toutes mes faiblesses, ni appréhender tout ce que je souffre aujourd'hui. Hélas ! que je suis à plaindre, de ne partager pas mes douleurs avec vous, et d'être toute seule malheureuse : cette pensée me tue, et je meurs de frayeur que vous n'ayez jamais été extrêmement sensible à tous nos plaisirs. Oui, je connais présentement la mauvaise foi de tous vos mouvements : vous m'avez trahie toutes les fois que vous m'avez dit que vous étiez ravi d'être seul avec moi ; je ne dois qu'à mes importunités vos empressements et vos transports ; vous aviez fait de sens froid[3] un dessein de m'enflammer, vous n'avez regardé ma passion que comme une victoire, et votre cœur n'en a jamais été profondément touché. N'êtes-vous pas bien malheureux, et n'avez vous pas bien peu de délicatesse, de n'avoir su profiter qu'en cette manière de mes emportements ? Et comment est-il possible qu'avec tant d'amour je n'aie pu vous rendre tout à fait heureux ? Je regrette pour l'amour de vous seulement les plaisirs infinis que vous avez perdus : faut-il que vous n'ayez pas voulu en jouir ? Ah ! si vous les connaissiez, vous trouveriez sans doute qu'ils sont plus sensibles que celui de m'avoir abusée, et vous auriez éprouvé qu'on est beaucoup plus heureux, et qu'on sent quelque chose de bien plus touchant, quand on aime violemment, que lorsqu'on est aimé. Je ne sais ni ce que je suis, ni ce que je fais, ni ce que je désire : je suis déchirée par mille mouvements contraires. Peut-on s'imaginer un état si déplorable ? Je vous aime éperdument, et je vous ménage assez pour n'oser, peut-être, souhaiter que vous soyez agité des mêmes transports : je me tuerais, ou je mourrais de douleur sans me tuer, si j'étais assurée que vous n'avez jamais aucun repos, que votre vie n'est que trouble et qu'agitation, que vous pleurez sans cesse, et que tout vous est odieux ; je ne puis suffire à mes maux, comment pourrais-je supporter la douleur que me donneraient les vôtres, qui me seraient mille fois plus sensibles ? Cependant je ne puis aussi me résoudre à désirer que vous ne pensiez point à moi ; et à vous parler sincèrement, je suis jalouse avec fureur de tout ce qui vous donne de la joie, et qui touche votre cœur et votre goût en France. Je ne sais pourquoi je vous écris, je vois bien que vous aurez seulement pitié de moi, et je ne veux point de votre pitié. J'ai bien du dépit contre moi-même, quand je fais réflexion sur tout ce que je vous ai sacrifié : j'ai perdu ma réputation, je me suis exposée à la fureur de mes parents, à la sévérité des lois de ce pays contre les religieuses [4], et à votre ingratitude, qui me paraît le plus grand de tous les malheurs. Cependant je sens bien que mes remords ne sont pas véritables, que je voudrais du meilleur de mon cœur avoir couru pour l'amour de vous de plus grands dangers, et que j'ai un plaisir funeste d'avoir hasardé ma vie et mon honneur : tout ce que j'ai de plus précieux ne devait-il pas être en votre disposition ? Et ne dois-je pas être bien aise de l'avoir employé comme j'ai fait ? Il me semble même que je ne suis guère contente ni de mes douleurs, ni de l'excès de mon amour, quoique je ne puisse, hélas ! me flatter assez pour être contente de vous. Je vis, infidèle que je suis, et je fais autant de choses pour conserver ma vie que pour la perdre. Ah ! j'en meurs de honte : mon désespoir n'est donc que dans mes lettres [5] ? Si je vous aimais autant que je vous l'ai dit mille fois, ne serais-je pas morte il y a

longtemps ? Je vous ai trompé, c'est à vous à vous
plaindre de moi. Hélas ! pourquoi ne vous en
plaignez-vous pas ? Je vous ai vu partir, je ne puis
espérer de vous voir jamais de retour, et je respire
cependant : je vous ai trahi, je vous en demande
pardon. Mais ne me l'accordez pas ! Traitez-moi
sévèrement ! Ne trouvez point que mes sentiments
soient assez violents ! Soyez plus difficile à contenter ! Mandez-moi que vous voulez que je meure
d'amour pour vous ! Et je vous conjure de me
donner ce secours, afin que je surmonte la faiblesse
de mon sexe, et que je finisse toutes mes irrésolu-
tions par un véritable désespoir ; une fin tragique
vous obligerait sans doute à penser souvent à moi,
ma mémoire vous serait chère, et vous seriez, peut-
être, sensiblement touché d'une mort extraordinaire : ne vaut-elle pas mieux que l'état où vous
m'avez réduite ? Adieu, je voudrais bien ne vous
avoir jamais vu. Ah ! je sens vivement la fausseté de
ce sentiment, et je connais, dans le moment que je
vous écris, que j'aime bien mieux être malheureuse
en vous aimant, que de ne vous avoir jamais vu ; je
consens donc sans murmure à ma mauvaise destinée,
puisque vous n'avez pas voulu la rendre meilleure.
Adieu, promettez-moi de me regretter tendrement,
si je meurs de douleur, et qu'au moins la violence de
ma passion vous donne du dégoût et de l'éloignement pour toutes choses ; cette consolation me
suffira, et s'il faut que je vous abandonne pour
toujours, je voudrais bien ne vous laisser pas à une
autre. Ne seriez-vous pas bien cruel de vous servir de
mon désespoir pour vous rendre plus aimable, et
pour faire voir que vous avez donné la plus grande
passion du monde[6] ? Adieu encore une fois, je vous

écris des lettres trop longues, je n'ai pas assez d'égard pour vous, je vous en demande pardon, et j'ose espérer que vous aurez quelque indulgence pour une pauvre insensée, qui ne l'était pas, comme vous savez, avant qu'elle vous aimât. Adieu, il me semble que je vous parle trop souvent de l'état insupportable où je suis : cependant je vous remercie dans le fond de mon cœur du désespoir que vous me causez, et je déteste la tranquillité où j'ai vécu avant que je vous connusse. Adieu, ma passion augmente à chaque moment. Ah ! que j'ai de choses à vous dire[7] !

QUATRIÈME LETTRE

Votre lieutenant vient de me dire qu'une tempête
vous a obligé de relâcher au royaume d'Algarve [1] : je
crains que vous n'ayez beaucoup souffert sur la mer,
et cette appréhension m'a tellement occupée, que je
n'ai plus pensé à tous mes maux ; êtes-vous bien
persuadé que votre lieutenant prenne plus de part
que moi à tout ce qui vous arrive ? Pourquoi en est-il
mieux informé, et enfin pourquoi ne m'avez-vous
point écrit ? Je suis bien malheureuse, si vous n'en
avez trouvé aucune occasion depuis votre départ, et
je la suis bien davantage, si vous en avez trouvé sans
m'écrire ; votre injustice et votre ingratitude sont
extrêmes : mais je serais au désespoir, si elles vous
attiraient quelque malheur, et j'aime beaucoup
mieux qu'elles demeurent sans punition, que si j'en
étais vengée. Je résiste à toutes les apparences, qui
me devraient persuader que vous ne m'aimez guère,
et je sens bien plus de disposition à m'abandonner
aveuglément à ma passion, qu'aux raisons que vous
me donnez de me plaindre de votre peu de soin. Que
vous m'auriez épargné d'inquiétudes, si votre procédé eût été aussi languissant les premiers jours que
je vous vis, qu'il m'a paru depuis quelque temps !

mais qui n'aurait été abusée, comme moi, par tant d'empressements, et à qui n'eussent-ils paru sincères ? Qu'on a de peine à se résoudre à soupçonner longtemps la bonne foi de ceux qu'on aime ! Je vois bien que la moindre excuse vous suffit, et sans que vous preniez le soin de m'en faire, l'amour que j'ai pour vous vous sert si fidèlement, que je ne puis consentir à vous trouver coupable, que pour jouir du sensible plaisir de vous justifier moi-même. Vous m'avez consommée par vos assiduités, vous m'avez enflammée par vos transports, vous m'avez charmée par vos complaisances, vous m'avez assurée par vos serments, mon inclination violente m'a séduite, et les suites de ces commencements si agréables et si heureux ne sont que des larmes, que des soupirs, et qu'une mort funeste, sans que je puisse y porter aucun remède[2]. Il est vrai que j'ai eu des plaisirs bien surprenants en vous aimant : mais ils me coûtent d'étranges douleurs, et tous les mouvements que vous me causez sont extrêmes. Si j'avais résisté avec opiniâtreté à votre amour, si je vous avais donné quelque sujet de chagrin et de jalousie pour vous enflammer davantage, si vous aviez remarqué quelque ménagement artificieux dans ma conduite, si j'avais enfin voulu opposer ma raison à l'inclination naturelle que j'ai pour vous, dont vous me fîtes bientôt apercevoir (quoique mes efforts eussent été sans doute inutiles), vous pourriez me punir sévèrement et vous servir de votre pouvoir[3] : mais vous me parûtes aimable, avant que vous m'eussiez dit que vous m'aimiez, vous me témoignâtes une grande passion, j'en fus ravie, et je m'abandonnai à vous aimer éperdument. Vous n'étiez point aveuglé, comme moi ; pourquoi avez-vous donc souffert que je devinsse en l'état où je me trouve ? qu'est-ce que vous vouliez faire de tous mes emportements, qui ne pouvaient vous être que très importuns ? Vous saviez bien que vous ne seriez pas toujours en Portugal, et pourquoi m'y avez-vous voulu choisir pour me rendre si malheureuse ? Vous eussiez trouvé sans doute en ce pays quelque femme qui eût été plus belle, avec laquelle vous eussiez eu autant de plaisirs, puisque vous n'en cherchiez que de grossiers, qui vous eût fidèlement aimé aussi long-temps qu'elle vous eût vu, que le temps eût pu consoler de votre absence, et que vous auriez pu quitter sans perfidie et sans cruauté : ce procédé est bien plus d'un tyran, attaché à persécuter, que d'un amant, qui ne doit penser qu'à plaire. Hélas ! pourquoi exercez-vous tant de rigueurs sur un cœur qui est à vous ? Je vois bien que vous êtes aussi facile à vous laisser persuader contre moi, que je l'ai été à me laisser persuader en votre faveur ; j'aurais résisté, sans avoir besoin de tout mon amour, et sans m'apercevoir que j'eusse rien fait d'extraordinaire, à de plus grandes raisons que ne peuvent être celles qui vous ont obligé à me quitter : elles m'eussent paru bien faibles, et il n'y en a point qui eussent jamais pu m'arracher d'auprès de vous ; mais vous avez voulu profiter des prétextes que vous avez trou-vés de retourner en France ; un vaisseau partait : que ne le laissiez-vous partir ? Votre famille vous avait écrit : ne savez-vous pas toutes les persécutions que j'ai souffertes de la mienne ? Votre honneur vous engageait à m'abandonner : ai-je pris quelque soin du mien ? Vous étiez obligé d'aller servir votre roi : si tout ce qu'on dit de lui est vrai, il n'a aucun besoin de votre secours, et il vous aurait excusé[4].

J'eusse été trop heureuse, si nous avions passé notre vie ensemble : mais puisqu'il fallait qu'une absence cruelle nous séparât, il me semble que je dois être bien aise de n'avoir pas été infidèle, et je ne voudrais pas, pour toutes les choses du monde, avoir commis une action si noire. Quoi ! vous avez connu le fond de mon cœur et de ma tendresse, et vous avez pu vous résoudre à me laisser pour jamais, et à m'exposer aux frayeurs que je dois avoir, que vous ne vous souvenez [5] plus de moi que pour me sacrifier à une nouvelle passion ? Je vois bien que je vous aime comme une folle ; cependant je ne me plains point de toute la violence des mouvements de mon cœur, je m'accoutume à ses persécutions, et je ne pourrais vivre sans un plaisir que je découvre, et dont je jouis en vous aimant au milieu de mille douleurs : mais je suis sans cesse persécutée avec un extrême désagrément par la haine et par le dégoût que j'ai pour toutes choses ; ma famille, mes amis et ce couvent me sont insupportables ; tout ce que je suis obligée de voir, et tout ce qu'il faut que je fasse de toute nécessité, m'est odieux ; je suis si jalouse de ma passion, qu'il me semble que toutes mes actions et que tous mes devoirs vous regardent. Oui, je fais quelque scrupule, si je n'emploie tous les moments de ma vie pour vous ; que ferais-je, hélas ! sans tant de haine et sans tant d'amour [6] qui remplissent mon cœur ? Pourrais-je survivre à ce qui m'occupe incessamment, pour mener une vie tranquille et languissante ? Ce vide et cette insensibilité ne peuvent me convenir. Tout le monde s'est aperçu du changement entier de mon humeur, de mes manières et de ma personne ; ma mère m'en a parlé avec aigreur, et ensuite avec quelque bonté, je ne sais ce que je lui ai répondu, il me semble que je lui ai tout avoué. Les religieuses les plus sévères ont pitié de l'état où je suis, il leur donne même quelque considération et quelque ménagement pour moi ; tout le monde est touché de mon amour, et vous demeurez dans une profonde indifférence, sans m'écrire que des lettres froides, pleines de redites ; la moitié du papier n'est pas remplie[7], et il paraît grossièrement que vous mourez d'envie de les avoir achevées. Dona Brites[8] me persécuta ces jours passés pour me faire sortir de ma chambre, et, croyant me divertir, elle me mena promener sur le balcon d'où l'on voit Mertola[9] ; je la suivis, et je fus aussitôt frappée d'un souvenir cruel qui me fit pleurer tout le reste du jour ; elle me ramena, et je me jetai sur mon lit, où je fis mille réflexions sur le peu d'apparence que je vois de guérir jamais : ce qu'on fait pour me soulager aigrit ma douleur, et je trouve dans les remèdes mêmes des raisons particulières de m'affliger. Je vous ai vu souvent passer en ce lieu avec un air qui me charmait, et j'étais sur ce balcon le jour fatal que je commençai à sentir les premiers effets de ma passion malheureuse : il me sembla que vous vouliez me plaire, quoique vous ne me connussiez pas, je me persuadai que vous m'aviez remarquée entre toutes celles qui étaient avec moi, je m'imaginai que, lorsque vous vous arrêtiez, vous étiez bien aise que je vous visse mieux, et j'admirasse[10] votre adresse et votre bonne grâce, lorsque vous poussiez votre cheval ; j'étais surprise de quelque frayeur lorsque vous le faisiez passer dans un endroit difficile[11] : enfin je m'intéressais secrètement à toutes vos actions, je sentais bien que vous ne m'étiez point indifférent, et je prenais pour moi tout ce que vous faisiez. Vous ne connaissez que trop les suites de ces commencements, et quoique je n'aie rien à ménager, je ne dois pas vous les écrire, de crainte de vous rendre plus coupable, s'il est possible, que vous ne l'êtes, et d'avoir à me reprocher tant d'efforts inutiles pour vous obliger à m'être fidèle [12]. Vous ne le serez point : puis-je espérer de mes lettres et de mes reproches ce que mon amour et mon abandonnement n'ont pu sur votre ingratitude ? Je suis trop assurée de mon malheur, votre procédé injuste ne me laisse pas la moindre raison d'en douter, et je dois tout appréhender, puisque vous m'avez abandonnée. N'aurez-vous de charmes que pour moi, et ne paraîtrez-vous pas agréable à d'autres yeux ? Je crois que je ne serai pas fâchée que les sentiments des autres justifient les miens en quelque façon, et je voudrais que toutes les femmes de France vous trouvassent aimable, qu'aucune ne vous aimât, et qu'aucune ne vous plût : ce projet est ridicule et impossible ; néanmoins, j'ai assez éprouvé que vous n'êtes guère capable d'un grand entêtement [13], et que vous pourrez bien m'oublier sans aucun secours, et sans y être contraint par une nouvelle passion : peut-être voudrais-je que vous eussiez quelque prétexte raisonnable ? Il est vrai que je serais plus malheureuse, mais vous ne seriez pas si coupable. Je vois bien que vous demeurerez en France sans de [14] grands plaisirs, avec une entière liberté ; la fatigue d'un long voyage, quelque petite bienséance, et la crainte de ne répondre pas à mes transports [15] vous retiennent : Ah ! ne m'appréhendez point ! Je me contenterai de vous voir de temps en temps, et de savoir seulement que nous sommes en même lieu : mais je me flatte, peut-être, et vous serez plus

touché de la rigueur et de la sévérité d'une autre,
que vous ne l'avez été de mes faveurs ; est-il possible
que vous serez enflammé [16] par de mauvais traitements ? Mais avant que de vous engager dans une
grande passion, pensez bien à l'excès de mes douleurs, à l'incertitude de mes projets, à la diversité de
mes mouvements, à l'extravagance de mes lettres, à
mes confiances, à mes désespoirs, à mes souhaits, à
ma jalousie ! Ah ! vous allez vous rendre malheureux ; je vous conjure de profiter de l'état où je suis,
et qu'au moins ce que je souffre pour vous ne vous
soit pas inutile ! Vous me fîtes, il y a cinq ou six
mois [17], une fâcheuse confidence, et vous m'avouâtes
de trop bonne foi que vous aviez aimé une dame en
votre pays : si elle vous empêche de revenir, man-
dez-le-moi sans ménagement, afin que je ne lan-
guisse plus ; quelque reste d'espérance me soutient
encore, et je serai bien aise (si elle ne doit avoir
aucune suite) de la perdre tout à fait, et de me
perdre moi-même [18] ; envoyez-moi son portrait avec
quelqu'une de ses lettres, et écrivez-moi tout ce
qu'elle vous dit ! J'y trouverais, peut-être, des raisons de me consoler, ou de m'affliger davantage [19] ;
je ne puis demeurer plus longtemps dans l'état où je
suis, et il n'y a point de changement qui ne me soit
favorable. Je voudrais aussi avoir le portrait de votre
frère et de votre belle-sœur ; tout ce qui vous est
quelque chose m'est fort cher, et je suis entièrement
dévouée à ce qui vous touche : je ne me suis laissé
aucune disposition de moi-même. Il y a des moments
où il me semble que j'aurais assez de soumission
pour servir celle que vous aimez ; vos mauvais
traitements et vos mépris m'ont tellement abattue,
que je n'ose quelquefois penser seulement qu'il me

semble que je pourrais être jalouse sans vous déplaire[20], et que je crois avoir le plus grand tort du monde de vous faire des reproches : je suis souvent convaincue que je ne dois point vous faire voir avec fureur, comme je fais, des sentiments que vous désavouez. Il y a longtemps qu'un officier attend votre lettre ; j'avais résolu de l'écrire d'une manière à vous la faire recevoir sans dégoût : mais elle est trop extravagante, il faut la finir[21]. Hélas ! il n'est pas en mon pouvoir de m'y résoudre, il me semble que je vous parle, quand je vous écris, et que m'êtes un peu plus présent. La première[22] ne sera pas si longue, ni si importune, vous pourrez l'ouvrir et la lire sur l'assurance que je vous donne ; il est vrai que je ne dois point vous parler d'une passion qui vous déplaît, et je ne vous en parlerai plus. Il y aura un an dans peu de jours que je m'abandonnai toute à vous sans ménagement[23] : votre passion me paraissait fort ardente et fort sincère, et je n'eusse jamais pensé que mes faveurs vous eussent assez rebuté pour vous obliger à faire cinq cents lieues, et à vous exposer à des naufrages pour vous en éloigner[24] ; personne ne m'était redevable d'un pareil traitement : vous pouvez vous souvenir de ma pudeur, de ma confusion et de mon désordre, mais vous ne vous souvenez pas de ce qui vous engagerait à m'aimer malgré vous. L'officier qui doit vous porter cette lettre me mande pour la quatrième fois qu'il veut partir ; qu'il est pressant ! il abandonne sans doute quelque malheureuse en ce pays. Adieu, j'ai plus de peine à finir ma lettre, que vous n'en avez eu à me quitter, peut-être, pour toujours. Adieu, je n'ose vous donner mille noms de tendresse, ni m'abandonner sans contrainte à tous mes mouvements : je vous

aime mille fois plus que ma vie, et mille fois plus que
je ne pense ; que vous m'êtes cher ! et que vous
m'êtes cruel ! Vous ne m'écrivez point, je n'ai pu
m'empêcher de vous dire encore cela ; je vais
recommencer, et l'officier partira ; qu'importe qu'il
parte, j'écris plus pour moi que pour vous, je ne
cherche qu'à me soulager, aussi bien la longueur de
ma lettre vous fera peur, vous ne la lirez point ;
qu'est-ce que j'ai fait pour être si malheureuse ? Et
pourquoi avez-vous empoisonné ma vie ? Que ne
suis-je née en un autre pays ? Adieu, pardonnez-
moi ! je n'ose plus vous prier de m'aimer ; voyez où
mon destin m'a réduite ! Adieu.

CINQUIÈME LETTRE

Je vous écris pour la dernière fois, et j'espère vous faire connaître, par la différence des termes et de la manière de cette lettre, que vous m'avez enfin persuadée que vous ne m'aimiez plus, et qu'ainsi je ne dois plus vous aimer : je vous renverrai donc par la première voie tout ce qui me reste encore de vous. Ne craignez pas que je vous écrive ; je ne mettrai pas même votre nom au-dessus du paquet ; j'ai chargé de tout ce détail Dona Brites, que j'avais accoutumée à des confidences bien éloignées de celle-ci ; ses soins me seront moins suspects que les miens ; elle prendra toutes les précautions nécessaires afin de pouvoir m'assurer que vous avez reçu le portrait et les bracelets que vous m'avez donnés. Je veux cependant que vous sachiez que je me sens, depuis quelques jours, en état de brûler et de déchirer ces gages de votre amour, qui m'étaient si chers, mais je vous ai fait voir tant de faiblesse, que vous n'auriez jamais cru que j'eusse pu devenir capable d'une telle extrémité : je veux donc jouir de toute la peine que j'ai eue à m'en séparer, et vous donner au moins quelque dépit. Je vous avoue, à ma honte et à la vôtre, que je me suis trouvée plus attachée que je ne

veux vous le dire à ces bagatelles, et que j'ai senti
que j'avais un nouveau besoin de toutes mes
réflexions pour me défaire de chacune en particulier,
lors même que je me flattais de n'être plus attachée à
vous : mais on vient à bout de tout ce qu'on veut,
avec tant de raisons. Je les ai mises entre les mains
de Dona Brites ; que cette résolution m'a coûté de
larmes ! Après mille mouvements et mille incerti-
tudes que vous ne connaissez pas, et dont je ne vous
rendrai pas compte assurément[1], je l'ai conjurée de
ne m'en parler jamais, de ne me les rendre jamais,
quand même je les demanderais pour les revoir
encore une fois, et de vous les renvoyer, enfin, sans
m'en avertir.

Je n'ai bien connu l'excès de mon amour que
depuis que j'ai voulu faire tous mes efforts pour
m'en guérir, et je crains que je n'eusse osé l'entreprendre, si j'eusse pu prévoir tant de difficultés et
tant de violences. Je suis persuadée que j'eusse senti
des mouvements moins désagréables en vous
aimant, tout ingrat que vous êtes, qu'en vous
quittant pour toujours. J'ai éprouvé que vous
m'étiez moins cher que ma passion[2], et j'ai eu
d'étranges peines à la combattre, après que vos
procédés injurieux m'ont rendu votre personne
odieuse.

L'orgueil ordinaire de mon sexe ne m'a point
aidée à prendre des résolutions contre vous. Hélas !
j'ai souffert vos mépris, j'eusse supporté votre haine
et toute la jalousie que m'eût donnée l'attachement
que vous eussiez pu avoir pour une autre[3], j'aurais
eu, au moins, quelque passion à combattre, mais
votre indifférence m'est insupportable ; vos imperti-
nentes protestations d'amitié et les civilités ridicules

de votre dernière lettre m'ont fait voir que vous aviez reçu toutes celles que je vous ai écrites, qu'elles n'ont causé dans votre cœur aucun mouvement, et que cependant vous les avez lues. Ingrat, je suis encore assez folle pour être au désespoir de ne pouvoir me flatter qu'elles ne soient pas venues jusques à vous, et qu'on ne vous les ait pas rendues ! Je déteste votre bonne foi, vous avais-je prié de me mander sincèrement la vérité ? Que ne me laissiez-vous ma passion ? Vous n'aviez qu'à ne me point écrire ; je ne cherchais pas à être éclaircie ; ne suis-je pas bien malheureuse de n'avoir pu vous obliger à prendre quelque soin de me tromper [4], et de n'être plus en état de vous excuser ? Sachez que je m'aperçois que vous êtes indigne de tous mes sentiments, et que je connais toutes vos méchantes qualités. Cependant, si tout ce que j'ai fait pour vous peut mériter que vous ayez quelques petits égards pour les grâces que je vous demande, je vous conjure de ne m'écrire plus, et de m'aider à vous oublier entièrement ; si vous me témoigniez, faiblement même, que vous avez eu quelque peine en lisant cette lettre, je vous croirais peut-être ; et peut-être aussi votre aveu et votre consentement me donneraient du dépit et de la colère, et tout cela pourrait m'enflammer : ne vous mêlez donc point de ma conduite, vous renverseriez, sans doute, tous mes projets, de quelque manière que vous voulussiez y entrer ; je ne veux point savoir le succès de cette lettre ; ne troublez pas l'état que je me prépare, il me semble que vous pouvez être content des maux que vous me causez, quelque dessein que vous eussiez fait de me rendre malheureuse. Ne m'ôtez point de mon incertitude ; j'espère que j'en ferai, avec le

temps, quelque chose de tranquille : je vous promets
de ne vous point haïr, je me défie trop des sentiments violents pour oser l'entreprendre. Je suis
persuadée que je trouverais peut-être, en ce pays, un
amant plus fidèle et mieux fait ; mais, hélas ! qui
pourra me donner de l'amour ? La passion d'un
autre m'occupera-t-elle ? La mienne a-t-elle pu quelque chose sur vous ? N'éprouvé-je pas qu'un cœur
attendri n'oublie jamais ce qui l'a fait apercevoir des
transports qu'il ne connaissait pas, et dont il était
capable [5] ; que tous ses mouvements sont attachés à
l'idole qu'il s'est faite ; que ses premières idées et
que ses premières blessures ne peuvent être ni
guéries ni effacées ; que toutes les passions qui
s'offrent à son secours et qui font des efforts pour le
remplir et pour le contenter lui promettent vainement une sensibilité qu'il ne retrouve plus ; que tous
les plaisirs qu'il cherche, sans aucune envie de les
rencontrer, ne servent qu'à lui faire bien connaître
que rien ne lui est si cher que le souvenir de ses
douleurs. Pourquoi m'avez-vous fait connaître l'im-
perfection et le désagrément d'un attachement qui
ne doit pas durer éternellement, et les malheurs qui
suivent un amour violent, lorsqu'il n'est pas réciproque, et pourquoi une inclination aveugle et une
cruelle destinée s'attachent-elles, d'ordinaire, à nous
déterminer pour ceux qui seraient sensibles pour
quelque autre ?

Quand même je pourrais espérer quelque amuse-
ment dans un nouvel engagement, et que je trouverais quelqu'un de bonne foi, j'ai tant de pitié de moi-
même, que je ferais beaucoup de scrupule de mettre
le dernier homme du monde en l'état où vous m'avez
réduite ; et quoique je ne sois pas obligée à vous

ménager, je ne pourrais me résoudre à exercer sur vous une vengeance si cruelle, quand même elle dépendrait de moi, par un changement que je ne prévois pas.

Je cherche dans ce moment à vous excuser, et je comprends bien qu'une religieuse n'est guère aimable d'ordinaire. Cependant il semble que si on était capable de raisons, dans les choix qu'on fait, on devrait[6] plutôt s'attacher à elles qu'aux autres femmes : rien ne les empêche de penser incessamment à leur passion, elles ne sont point détournées par mille choses qui dissipent et qui occupent dans le monde ; il me semble qu'il n'est pas fort agréable de voir celles qu'on aime toujours distraites par mille bagatelles, et il faut avoir bien peu de délicatesse pour souffrir, sans en être au désespoir, qu'elles ne parlent que d'assemblées, d'ajustements et de promenades ; on est sans cesse exposé à de nouvelles jalousies ; elles sont obligées à des égards, à des complaisances, à des conversations : qui peut s'assurer qu'elles n'ont aucun plaisir dans toutes ces occasions, et qu'elles souffrent toujours leurs maris avec un extrême dégoût, et sans aucun consentement[7] ? Ah ! qu'elles doivent se défier d'un amant qui ne leur fait pas rendre un compte bien exact[8] là-dessus, qui croit aisément et sans inquiétude ce qu'elles lui disent, et qui les voit avec beaucoup de confiance et de tranquillité sujettes à tous ces devoirs ! Mais je ne prétends pas vous prouver par de bonnes raisons que vous deviez m'aimer ; ce sont de très méchants moyens, et j'en ai employé de beaucoup meilleurs qui ne m'ont pas réussi[9] ; je connais trop bien mon destin pour tâcher à le surmonter ; je serai malheureuse toute ma vie ; ne l'étais-je pas en vous voyant tous les jours ? Je mourais de frayeur que vous ne me fussiez pas fidèle, je voulais vous voir à tous moments, et cela n'était pas possible, j'étais troublée par le péril que vous couriez en entrant dans ce couvent ; je ne vivais pas lorsque vous étiez à l'armée [10], j'étais au désespoir de n'être pas plus belle et plus digne de vous, je murmurais contre la médiocrité de ma condition, je croyais souvent que l'attachement que vous paraissiez avoir pour moi vous pourrait faire quelque tort ; il me semblait que je ne vous aimais pas assez, j'appréhendais pour vous la colère de mes parents, et j'étais enfin dans un état aussi pitoyable qu'est celui où je suis présentement. Si vous m'eussiez donné quelques témoignages de votre passion depuis que vous n'êtes plus en Portugal, j'aurais fait tous mes efforts pour en sortir, je me fusse déguisée pour vous aller trouver : hélas ! qu'est-ce que je fusse devenue, si vous ne vous fussiez plus soucié de moi, après que j'eusse été en France ? quel désordre ! quel égarement ! quel comble de honte pour ma famille, qui m'est fort chère depuis que je ne vous aime plus ! Vous voyez bien que je connais de sens froid [11] qu'il était possible que je fusse encore plus à plaindre que je ne suis ; et je vous parle, au moins, raisonnablement une fois en ma vie. Que ma modération vous plaira, et que vous serez content de moi ! je ne veux point le savoir, je vous ai déjà prié de ne m'écrire plus, et je vous en conjure encore.

N'avez-vous jamais fait quelque réflexion sur la manière dont vous m'avez traitée ? ne pensez-vous jamais que vous m'avez plus d'obligation qu'à personne du monde ? je vous ai aimé comme une insensée ; que de mépris j'ai eu pour toutes choses !

Votre procédé n'est point d'un honnête homme, il faut que vous ayez eu pour moi de l'aversion naturelle, puisque vous ne m'avez pas aimée éperdument ; je me suis laissé enchanter par des qualités très médiocres, qu'avez-vous fait qui dût me plaire ? quel sacrifice m'avez-vous fait ? n'avez-vous pas cherché mille autres plaisirs ? avez-vous renoncé au jeu et à la chasse ? n'êtes-vous pas parti le premier pour aller à l'armée ? N'en êtes-vous pas revenu après tous les autres [12] ? Vous vous y êtes exposé follement, quoique je vous eusse prié de vous ménager pour l'amour de moi ; vous n'avez point cherché les moyens de vous établir en Portugal, où vous étiez estimé : une lettre de votre frère vous en a fait partir, sans hésiter un moment [13] ; et n'ai-je pas su que, durant le voyage, vous avez été de la plus belle humeur du monde ? Il faut avouer que je suis obligée à vous haïr mortellement ; ah ! je me suis attiré tous mes malheurs : je vous ai d'abord accoutumé à une grande passion, avec trop de bonne foi, et il faut de l'artifice pour se faire aimer ; il faut chercher avec quelque adresse les moyens d'enflammer, et l'amour tout seul ne donne point de l'amour [14] ; vous vouliez que je vous aimasse, et comme vous aviez formé ce dessein, il n'y a rien que vous n'eussiez fait pour y parvenir ; vous vous fussiez même résolu à m'aimer, s'il eût été nécessaire [15] ; mais vous avez connu que vous pouviez réussir dans votre entreprise sans passion, et que vous n'en aviez aucun besoin ; quelle perfidie ! Croyez-vous avoir pu impunément me tromper ? Si quelque hasard vous ramenait en ce pays, je vous déclare que je vous livrerai à la vengeance de mes parents. J'ai vécu longtemps dans un abandonnement et dans une

idolâtrie qui me donne de l'horreur, et mon remords
me persécute avec une rigueur insupportable, je sens
vivement la honte des crimes que vous m'avez fait
commettre, et je n'ai plus, hélas! la passion qui
m'empêchait d'en connaître l'énormité; quand est-
ce que mon cœur ne sera plus déchiré? quand est-ce
que je serai délivrée de cet embarras cruel [16]!
Cependant je crois que je ne vous souhaite point de
mal, et que je me résoudrais à consentir que vous
fussiez heureux; mais comment pourrez-vous l'être,
si vous avez le cœur bien fait? Je veux vous écrire
une autre lettre, pour vous faire voir que je serai
peut-être plus tranquille dans quelque temps; que
j'aurai de plaisir de pouvoir vous reprocher vos
procédés injustes après que je n'en serai plus si
vivement touchée, et lorsque je vous ferai connaître
que je vous méprise, que je parle avec beaucoup
d'indifférence de votre trahison, que j'ai oublié tous
mes plaisirs et toutes mes douleurs, et que je ne me
souviens de vous que lorsque je veux m'en souvenir!
Je demeure d'accord que vous avez de grands
avantages sur moi, et que vous m'avez donné une
passion qui m'a fait perdre la raison; mais vous
devez en tirer peu de vanité [17]; j'étais jeune, j'étais
crédule, on m'avait enfermée dans ce couvent depuis
mon enfance, je n'avais vu que des gens désagréables, je n'avais jamais entendu les louanges que vous
me donniez incessamment : il me semblait que je
vous devais les charmes et la beauté que vous me
trouviez, et dont vous me faisiez apercevoir, j'enten-
dais dire du bien de vous, tout le monde me parlait
en votre faveur, vous faisiez tout ce qu'il fallait pour
me donner de l'amour; mais je suis, enfin, revenue
de cet enchantement, vous m'avez donné de grands

secours, et j'avoue que j'en avais un extrême besoin.
En vous renvoyant vos lettres, je garderai soigneusement les deux dernières que vous m'avez écrites, et
je les relirai encore plus souvent que je n'ai lu les
premières, afin de ne retomber plus dans mes
faiblesses. Ah ! qu'elles me coûtent cher, et que
j'aurais été heureuse, si vous eussiez voulu souffrir
que je vous eusse toujours aimé ! Je connais bien que
je suis encore un peu trop occupée de mes reproches
et de votre infidélité, mais souvenez-vous que je me
suis promis [18] un état plus paisible, et que j'y
parviendrai, ou que je prendrai contre moi quelque
résolution extrême, que vous apprendrez sans beaucoup de déplaisir ; mais je ne veux plus rien de vous,
je suis une folle de redire les mêmes choses si
souvent, il faut vous quitter et ne penser plus à vous,
je crois même que je ne vous écrirai plus [19] ; suis-je
obligée de vous rendre un compte exact de tous mes
divers mouvements ?

GUILLERAGUES
PAR LUI-MÊME

Signature de Guilleragues reproduite grandeur nature (collection particulière).

« GUILLERAGUES, RIEN QU'UN GASCON... »

Guilleragues n'a guère parlé de ses origines dans les écrits que nous avons de lui. Il n'en était pas moins fier : « Il était honnête homme, dit de lui l'abbé de Choisy, à cela près que, né gascon, il voulait toujours que l'on fît cas de sa naissance, dont il importunait impitoyablement tous ceux qu'il trouvait moyen d'en informer [1]. » Elle était effectivement des plus honorables, du même ordre que celle des Secondat de Montesquieu, auxquels la famille était d'ailleurs apparentée. Tant du côté du père, Jacques de Lavergne, vicomte de Guilleragues, que de la mère, Olive de Mullet, les ancêtres appartenaient à la noblesse de robe depuis plusieurs générations.

Baptisé le 4 décembre 1628 à Bordeaux, Gabriel de Lavergne avait à peine deux ans quand son père mourut « du mal contagieux », sans doute la peste, dans son château de Guillera-

1. Toutes les références et indications de source des textes qui sont présentés dans cette partie figurent dans les trois volumes d'œuvres complètes de Guilleragues, à savoir un volume pour les *Chansons et bons mots, Valentins, Lettres portugaises* (Droz, 1972), deux volumes pour la *Correspondance* complète (Droz, 1976) ; voir la bibliographie p. 204. Les références biographiques sont données dans la Vie de Guilleragues, p. XI-CI du premier de ces trois volumes. On notera que les lettres provenant des *Valentins* ont été placées dans la *Correspondance* à la date de 1654, quoique cette datation ne soit sûre que pour la lettre à Bourdelot. On ne trouvera donc ici en note que les indications concernant des documents nouveaux, ou les références touchant à des points non encore abordés dans les éditions précédentes. Précisons enfin que les écrits de Guilleragues sont présentés dans un caractère plus gros que notre propre texte.

gues. Il laissait sa veuve, « mère pitoyable » d'un fils et d'une fille « en fort bas âge », et de plus enceinte. Nous ne savons pas ce que devint la fille. Le fils posthume, Jacques, qui devait perpétuer le nom, se brouilla avec notre Gabriel, et nous n'en entendrons plus parler.

Des premières années de notre orphelin, on connaît naturellement peu de chose, seulement le double cadre dans lequel elles devaient se dérouler : l'hôtel bordelais de la rue Bouhaut, actuelle rue Sainte-Catherine, et le château de Guilleragues, sis à Saint-Sulpice, non loin de La Réole, séjour d'été où l'on faisait les vendanges.

Le château, ancienne forteresse médiévale remise en état et modernisée quand les Lavergne en firent l'acquisition au XVIᵉ siècle, détruit sous la Révolution, très délabré quand Guilleragues fut consacré en 1962 comme l'auteur des *Portugaises*, hâtivement « restauré » ensuite, avait fière allure au XVIIᵉ siècle. En voici la description d'après le dénombrement de 1730 :

> *Le château de l'ancienne et noble maison de Guilleragues fut construit pendant le Xᵉ siècle et n'est éloigné de la ville de Monségur que d'environ une petite lieue de France ; sa situation est une des plus belles qu'on puisse trouver à l'occasion des eaux qui se trouvent dans toutes les cours [...]. Le susdit château, dont la construction est d'ordre dorique, embelli de divers ouvrages d'architecture, est un des mieux bâtis et des mieux conservés et des plus beaux de la province ; sa belle salle d'armes est fort imposante, aussi bien que ses avenues, garennes, terrasses et jardins ; son air est très sain et très bon. M. le prince de Condé y a séjourné diverses fois et en plusieurs occasions, ce qui n'a pas peu contribué à l'embellissement dudit château, par les soins de M. le défunt comte de Guilleragues.*

Quant à l'hôtel bordelais, il dut surtout offrir au jeune Gabriel l'attrait de sa bibliothèque de plusieurs milliers de volumes, dont un inventaire après décès dressé à la mort de son père donne le catalogue. Outre les livres de droit, d'histoire, de voyages, de médecine, on remarque les orateurs grecs et latins dans le texte, les tragiques et les comiques grecs, les poètes latins, Homère tant en grec qu'en édition bilingue, etc. L'abondance et la qualité de la bibliothèque dans le domaine des humanités sont très frappantes.

C'est dans l'excellent collège de Navarre à Paris que Guilleragues fit ses études ; il y rencontra d'autres amateurs des belles-
lettres, comme Daniel de Cosnac, futur évêque de Valence. Il dut
aussi faire des études de droit, puisqu'on le retrouve en 1650
avocat au Parlement de Bordeaux.

C'était le moment où la seconde Fronde, dite la Fronde des
Princes, commençait avec l'arrestation de Condé, de Conti son
frère et du duc de Longueville son beau-frère (18 janvier 1650).
Une première fois, Bordeaux, dont les habitants réclamaient le
rappel du gouverneur de la Guyenne, le duc d'Épernon, se trouva
entraîné dans la rébellion par les amis de Condé. Une paix fut
pourtant signée le 29 septembre, après la défaite de ces derniers.
Elle comportait une amnistie générale. En février 1651, la
situation se retournait : les princes étaient libérés, Mazarin devait
quitter la France et la prééminence de Condé était assurée jusqu'à
l'été. Elle cessa avec la déclaration de la majorité de Louis XIV,
le 7 septembre 1651. Condé, entré de nouveau en rébellion,
négociait une alliance avec l'Espagne et faisait son entrée à
Bordeaux le 22 septembre. La « guerre des Princes » commençait, et Bordeaux se trouvait au centre des troubles.

AVEC CONTI

Tant par son appartenance au milieu parlementaire que par ses
amitiés, Guilleragues allait se trouver dans le parti des princes.
Un des premiers documents le concernant est une reconnaissance
de dette de douze cent trente-deux livres tournois — une somme
considérable — pour des festins offerts « à plusieurs personnes de
haute compagnie » chez un fameux traiteur pendant un séjour de
Condé à Bordeaux à la fin de 1651. Au même moment,
Guilleragues s'est placé dans les bonnes grâces du prince de
Conti : le 24 novembre 1651, la jurade de Monségur offre un
cheval « à M. de Guilleragues [...] pour les avoir déchargés du
logement des gens de guerre » en vertu d'une ordonnance du
prince de Conti. Toujours à la même époque, il commence à se
faire connaître par les agréments de son esprit.

Les fêtes données en février 1653 semblent avoir comporté la
représentation d'un ballet dont le texte nous est parvenu, le *Ballet*

des Incompatibles. On y trouve le premier document attestant la collaboration de Molière et de Guilleragues [1], l'un et l'autre interprétant un rôle dans le ballet, à côté d'autres membres de l'entourage de Conti. Guilleragues tenait le rôle d'un soldat et, lorsqu'il exécutait son entrée, les spectateurs pouvaient lire le couplet le concernant ; le voici :

> *Pour Monsieur le chevalier de Guilleragues,*
> *représentant un soldat*
>
> Il n'en est pas dans le métier
> De plus déterminé pour faire une conquête,
> Et quand j'ai l'amour en tête
> Je ne fais point de quartier.

Le principe du ballet des « incompatibles » est que chaque personnage se présente sous un couplet « incompatible » avec son véritable caractère. Par exemple, l'entrée des courtisans est illustrée par le sizain suivant :

> Parler sincèrement n'est pas trop notre fait,
> Et c'est un vrai moyen d'être peu satisfait :
> Aussi cette vertu nous est fort inconnue ;
> Bien souvent à mentir nous passons tout le jour,
> Et la vérité toute nue
> Ne nous donna jamais d'amour.

Comment, dans ces conditions, interpréter le couplet concernant Guilleragues ? Cosnac lui trouve « beaucoup de penchant au plaisir » et le dit « bon, facile ». Une anecdote concernant l'année 1652, rapportée par Tallemant, le montre cherchant à se procurer les services d'un « brave » pour appeler en duel le comte de Marennes, qui lui a fait une « niche », plutôt que de prendre le risque à son compte. Sa réputation était donc tout le contraire de celle d'un « soldat ».

---

1. On verra plus loin, p. 120, n. 1, d'autres aspects de la collaboration entre Molière et Guilleragues ; pour les détails et les références, voir les *Lettres portugaises* (éd. Droz, 1972), p. LIII-LIV.

Il est plus difficile de se prononcer sur son comportement dans l' « amoureux métier ». Il est certain pourtant qu'il s'y intéresse. La première œuvrette qui nous soit parvenue de lui, toujours de la même période, en témoigne autant que de son esprit. Il s'agit d'une chanson. D'après les notices des recueils manuscrits qui nous l'ont conservée, Mme de Longueville, revenant de confesse, lui aurait dit qu'elle s'y serait bien ennuyée, si elle n'avait trouvé le moyen d'y parler de lui. Sur quoi Guilleragues composa les couplets suivants sur l'*air du Confiteor* :

> Mon père, je viens devant vous
> Avec une âme pénitente
> Me confesser à deux genoux
> D'avoir été longtemps constante
> Pour un amant qui me fit tort :
> Dirai-je mon Confiteor ?
>
> Pour faire ma confession,
> Je m'en vais commencer, mon père,
> Par l'aveu d'une passion
> Qui fut toujours tendre et sincère ;
> Jamais amour ne fut plus fort.
> Dirai-je mon Confiteor ?
>
> En premier lieu je me repens
> D'avoir trop aimé ce volage ;
> Hélas ! c'est bien à mes dépens
> Qu'il a fait son apprentissage.
> Je ne le puis haïr encor :
> Dirai-je mon Confiteor ?
>
> Celui que j'aime a le secret
> De savoir comme il faut me prendre :
> Il est charmant, jeune et discret :
> Et son cœur est sensible et tendre.
> Il se fait aimer sans effort :
> Dirai-je mon Confiteor ?

La chanson du *Confiteor*.

Contre tout autre ma vertu
Aurait pu soutenir sa gloire ;
Mais sitôt qu'il a combattu,
Mon cœur a cédé la victoire :
Mon fier s'est démenti d'abord.
Dirai-je mon Confiteor ?

Ah ! mon père, si vous saviez
Quel charme avait cet infidèle,
Sans doute vous m'excuseriez :
Il me disait que j'étais belle,
Il m'adorait, je l'aime encor :
Dirai-je mon Confiteor ?

Mon père, s'il vient devant vous
Vous confesser son inconstance,
Au moins ne lui soyez pas doux,
Et lui donnez pour pénitence
De m'aimer jusques à la mort !
Dirai-je mon Confiteor ?

Or sus, ma fille, allez en paix.
Que toutes vos fautes premières
Vous servent d'exemple à jamais :
Pour fuir ces fausses lumières,
Trompez celui qui vous trompa.
Dites votre *mea culpa*.

Interprétée, avec les embellissements d'usage à l'époque, sur un timbre inspiré apparemment d'une pavane du XVIᵉ siècle, composé peut-être par Guilleragues, car on ne le trouve guère attesté auparavant[1], cette chanson devait avoir beaucoup de charme, et elle eut un grand succès. Dans le milieu fort libre de la

1. Le timbre du *Confiteor,* recueilli ici pour la première fois, a été retrouvé par Mme Lila Maurice-Amour dans *La Clé du Caveau,* publiée par Pierre Capelle en 1811. Il y a deux airs sous le titre du *Confiteor.* Il

cour des Princes, les initiés pouvaient songer à la situation de
Mme de Longueville, abandonnée l'année précédente par La
Rochefoucauld, à qui elle avait donné un fils, le comte de Saint-
Paul. Du reste, cette chanson du *Confiteor* s'inscrit dans une
tradition qui, avec le sermon burlesque, par exemple, ne ménage
pas les pratiques religieuses, et cela même n'est peut-être pas sans
signification. Mais on ne doit pas en négliger pour autant l'accent
personnel. Le thème de la belle abandonnée hésitant entre le
remords, bien léger, et la persévérance dans la passion, évoque
les *Lettres portugaises*. On y perçoit la crainte de l'oubli, le mal
suprême, qui ne fera chez Guilleragues que s'amplifier jusqu'aux
dernières lettres écrites de Constantinople. On se peint en tout : il
est déjà possible de reconnaître l'homme dans la miniature.

Ayant gagné la confiance de Conti, gouverneur de Bordeaux
pendant la rébellion, Guilleragues joua un rôle dans les négociations qui aboutirent à la paix de Bordeaux, signée le 31 juillet
1653. Il s'était à cette occasion lié d'amitié avec Gourville,
secrétaire de Condé, qu'il devait retrouver dans les meilleurs
salons parisiens. Informé un des premiers du mariage de Conti
avec Anne Martinozzi, nièce de Mazarin, il dut accompagner son
protecteur à Paris, où le mariage eut lieu (21 février 1654).

L'année 1654 fut pour Guilleragues une année parisienne. Par
les dépenses d'abord : une nouvelle reconnaissance de dettes du
« vicomte de Guilleragues, demeurant ordinairement à Bordeaux, étant cependant à Paris, dans la rue Neuve des Bons
Enfants, paroisse Saint-Eustache », qui doit 1 881 livres prêtées
« pour subvenir et employer à ses affaires et pour marchandises
fournies et livrées » ; par les relations littéraires surtout. C'est
sans doute à ce moment que Guilleragues est entré en relation
avec la marquise de Sablé, amie de Mme de Longueville et de
Conti, dont elle avait négocié le mariage. Quinquagénaire, la
marquise avait la réputation de former les jeunes gens. Elle avait
été sollicitée par Guilleragues dans une lettre qui sera publiée
dans les *Valentins* en 1669 (voir p. 35), dont voici le texte :

---

s'agit de l' « air ancien », dont on a ici, semble-t-il, la plus ancienne
attestation. Les chansons sur l'air ou les airs du *Confiteor* se sont depuis
multipliées ; on en trouve par exemple dans le *Chansonnier révolutionnaire,*
publié dans la collection « Poésie/Gallimard », p. 236-237, mais il s'agit
cette fois de l' « air moderne ».

[1654 ?]

Madame,

Je sais bien que je ne mérite pas de vos lettres, mais avec tout cela j'en veux. Voici un commencement qui n'est guère ménagé, et qui vous surprendra sans doute. En effet, il fallait demander une chose aussi précieuse avec moins d'effronterie, principalement à une personne comme vous, qui avez tout le mérite qu'on peut imaginer, et autant de délicatesse que de mérite. Mais, Madame, vous savez qu'on parle avec emportement quand on désire avec violence, et que ce mot *je veux* n'est pas toujours réservé pour la bouche des maîtresses et des rois. Ces deux sortes de personnes, qui confondent la raison et la volonté, ne veulent pas toujours des choses fort raisonnables, et ne devraient pas souvent dire *je veux*. Pour moi, ce que je souhaite est si excellent, et je le souhaite avec tant de passion, que s'il y avait quelque chose au-dessus de *je veux*, on me devrait pardonner de le dire. Permettez-moi donc, Madame, pour achever mon billet plus follement, s'il se peut, que je ne l'ai commencé, de vous dire, *comme le Roi à son sergent et la Reine à son enfant*, qui sont les commandements les plus absolus dont vous ayez ouï parler, que *je veux* que vous me fassiez l'honneur de m'écrire, et de me croire avec un extrême respect...

Dans l'*Histoire de la princesse de Paphlagonie* (1659), la duchesse de Montpensier attribue à Mme de Sablé l'invention des lettres : « Auparavant il ne s'écrivait que des contrats de mariage, et des lettres il ne s'en entendait pas parler. » Certes, les lettres existaient bien avant Mme de Sablé, mais le badinage de Mademoiselle n'est pas sans fondement. Avec la comtesse de Maure, Mme de Sablé avait mis à la mode l'usage de s'écrire des « billets », brefs messages spirituels, débarrassés des lourdes formules du style épistolaire, et dans lesquels on ne traitait chaque fois qu'un sujet. Guilleragues dut exceller dans ce genre, et l'étendit à l'entretien de correspondants éloignés. Le recueil des *Valentins* contient deux autres lettres du même genre, l'une adressée à un certain abbé du Pilé, dans laquelle est traité un de ces points de langue qui intéressaient Mme de Sablé, en l'espèce le choix entre les formes « je vas » et « je vais », préférée par Guilleragues ; l'autre, plus substantielle, répondant à une missive de l'abbé Bourdelot. Celui-ci, médecin de la reine Christine de Suède, avait sans doute lié connaissance avec Guilleragues au temps où il avait accompagné à Bordeaux Condé, dont il avait été le médecin ; c'était du reste un autre familier du salon de Mme de Sablé. Selon René Pintard, il avait dû donner à Guilleragues des nouvelles de l'abdication de Christine (6 juin 1654) et lui annoncer qu'elle était en route pour Anvers et Spa, où il espérait la rejoindre, et où se trouvaient le roi d'Angleterre, en exil sous Cromwell, les princesses d'Orange, l'électrice de Brandebourg et la duchesse de Brunschwig :

[Fin juillet 1654.]

Monsieur,

J'avais bien ouï dire que les lois se taisaient entre les armes ; mais je n'avais jamais ouï parler des lettres, et vous êtes le premier qui vous en soyez avisé. Je ne sais pourquoi vous vous êtes défié des vôtres et de vous-même. Pourquoi voulez-vous renoncer à vos privilèges, et être moins vaillant que vos prédécesseurs ? Podalirius et Machaon[1] portaient l'épée, votre fondateur aussi la portait, quoiqu'il fût du parti contraire :

Pro Troja stabat Apollo[2].

De tout temps, vous autres médecins avez été des gens de fer et de feu. Que ce bruit de nos canons et la marche de nos troupes[3] ne vous donnent donc plus d'alarmes, et

---

1. Podalirius (*Énéide*, XII, v. 304) et Machaon (*Iliade*, II, v. 729-733 ; *Énéide*, II, v. 263), fils d'Asclépios, étaient médecins de l'armée des Grecs.
2. Citation des *Tristes* d'Ovide, I, 2, v. 5 : *Mulciber in Trojam, pro Troja stabat Apollo,* c'est-à-dire : « Mulciber était contre Troie, Apollon pour Troie. »
3. Bourdelot accompagnait Turenne, qui, avec le jeune Roi, mettait le siège devant Stenay, occupé par les troupes de Condé, allié dans sa rébellion avec les Espagnols.

ne vous empêchent pas d'entretenir vos amis. Pour moi, quand le ciel se mêlerait avec le Tartare, ce Tartare, comme vous savez, n'est pas un de ceux du grand Cam[1] ; et que je me trouverais au milieu d'un si terrible tracas, encore que j'y fusse fort empêché de ma contenance, j'y recevrais vos lettres avec beaucoup de plaisir. Ce que vous m'écrivez est le bienvenu partout, au moins partout où il y a de l'esprit et de la raison, et je vous assure qu'il y a ici beaucoup de gens qui ont de l'un et de l'autre. Vous pouvez donc m'écrire d'où il vous plaira, jamais poulet ne fut mieux reçu, que seront vos lettres. Qu'elles viennent hardiment des Indes, de Spa, et de tous les lieux que vous me marquez quoique à vous dire le vrai j'aime mieux que ce soit de Spa que de tout autre pays. La scène, comme vous me la décrivez, y va être si belle, et tant de grands personnages y vont jouer, que je serai fort aise de savoir ce que la Fortune, qui les a assemblés, leur fera dire. Surtout, je vous demande une copie du rôle de la reine de Suède. Comme le personnage qu'elle soutient est le plus difficile et le plus extraordinaire, il est agréable de savoir si Sa Majesté ne le représente pas aussi bien que vous me l'avez promis, et que je m'y suis attendu. Je vous conjure que j'en sache la vérité[2] ; je meurs d'envie de battre des mains, mais ce ne sera que sur votre témoignage, et point du tout sur les louanges des Académies ; car enfin, pour ces sortes de choses, je ne me fie guère au genre démonstratif. Après tout, vous verrez que vous me persuaderez tout ce qu'il

1. Le Khan des Tartares, lointain successeur du fameux Gengis Khan, qui avait conquis la Chine en 1641. — Plus loin, « et que » semble reprendre « quand », qui précède.
2. Après son abdication et le couronnement de son cousin, Charles X Gustave, le 6 juin 1654, Christine avait immédiatement quitté la Suède. Les raisons officielles de son abdication étaient qu'elle était malade et que le fardeau de la couronne était trop lourd pour une femme. Les vraies raisons étaient son aversion pour le mariage et sa conversion au catholicisme. Le problème intéressait toute l'Europe chrétienne, où son abdication avait produit une véritable sensation.

vous plaira, et que vous m'enverrez un panégyrique, que je prendrai pour un témoignage. Voilà ce que c'est que d'avoir de l'esprit.

Quand Conti, après son mariage, avait quitté Paris pour aller prendre le commandement de l'armée de Catalogne, Guilleragues, qui ne lui était pas encore formellement attaché, avait regagné Bordeaux. Après la campagne, Conti se rendit à Montpellier, où sa femme le rejoignit. En tant que gouverneur, il allait y présider la session annuelle des États de Languedoc. C'était l'époque la plus brillante de sa cour, où l'on trouvait Cosnac, Roquette, futur évêque d'Autun, qui, à la suggestion de Guilleragues[1], fournit peut-être à Molière des traits de son Tartuffe, l'abbé Esprit, Gourville et d'autres. Au milieu des fêtes, le 5 décembre 1654, le poète Sarasin, secrétaire des commandements du prince, mourut, empoisonné, dit-on, par un mari jaloux. Dès le lendemain, Conti, après avoir proposé sa place à Molière, qui la refusa, l'offrit à Guilleragues, qui l'accepta. C'est dans les termes les plus flatteurs que *La Muse historique* de Loret fit au royaume l'annonce de cette nouvelle fonction. Dès lors, on va trouver notre Bordelais tantôt aux côtés du prince, tantôt aux côtés de la princesse, et parfois servant de courrier entre l'un et l'autre, tant en temps de guerre qu'en temps de paix.

Ainsi, à l'automne de 1655, Conti tient sa cour à Pézenas, où il a ouvert la session des États le 4 novembre. D'Assoucy, qui passa six mois dans « cette douce compagnie » qu'il « repaissai[t] d'harmonie », rend grâce, tout autant qu'au prince, au « généreux M. de Guilleragues » du bon temps vécu « dans cette cocagne » et « des présents considérables » qu'il a reçus d'eux.

---

1. C'est l'abbé de Choisy qui, dans ses *Mémoires,* éd. Lescure, 1888, t. II, p. 40-41, précise ainsi le rôle de Guilleragues : « L'abbé Roquette avait tous les caractères que l'auteur de *Tartuffe* a si parfaitement représentés... [Choisy raconte ici l'histoire d'une mascarade du prince de Conti à l'occasion de laquelle Cosnac fait honte à Roquette de sa basse flatterie. Cosnac, dans le récit du même épisode, met en cause l'abbé Esprit au lieu de Roquette.] Le discours de l'abbé de Cosnac pensa diviser sa maison, et ce fut la source de la haine que M. d'Autun et lui conservèrent l'un pour l'autre, et qui fit faire à Guilleragues, ami de l'abbé de Cosnac, les Mémoires sur lesquels Molière a fait depuis la comédie du *Faux Dévot.* »

L'année 1657, au contraire, est consacrée à Bellone, Conti ayant obtenu, le 5 mai, le commandement de l'armée d'Italie en remplacement du duc de Mercœur. Guilleragues, qui a la confiance de la princesse, fait la navette entre Paris où elle est restée et le Piémont. Il n'y oublie pas ses amis, et leur absence est une occasion de leur écrire des lettres si brillantes qu'on les prendrait pour des exercices de style. En voici une adressée au duc de Candale, neveu du duc d'Épernon, et, par sa mère petit-fils de Henri IV, qui commandait l'armée de Catalogne ; Guilleragues n'y manifeste pas un respect excessif pour la dévotion à laquelle le prince, avec sa femme, commençait à s'adonner ; quant à ses protestations de dévouement à l'égard du beau Candale, elles frisent peut-être l'équivoque :

À Moncalve, le 9 de septembre 1657.

Monseigneur,

J'ai prié La Chapelle de vous assurer de mon très humble respect. Je n'espère pas, à vous dire le vrai, qu'il s'acquitte comme je voudrais de cette commission, et il lui sera sans doute impossible d'expliquer à Votre Altesse tous mes sentiments, que je ne connais pas bien moi-même, et auxquels, si vous me permettez de vous le dire, l'inclination naturelle que j'ai pour vous ajoute tous les jours quelque chose. Je serais bien heureux, Monseigneur, si cela ne vous est pas tout à fait indifférent, et si vous voyez avec quelque sorte de bonté pour moi que je vous honore et que je vous estime plus que personne : vous avez des qualités à vous attirer bien souvent des compliments de cette nature, mais, outre que peu de gens en font à Votre Altesse d'aussi véritables et d'aussi sincères, je crois qu'elle ne doit pas trouver mauvais que je la fasse souvenir de temps en temps que je suis au monde, et que j'y suis avec une extrême passion pour son très humble service. Vous voyez, Monseigneur, que tout cela signifie que j'ai la plus grande envie du monde d'être bien avec vous, et que vous êtes fort bien avec moi.

Nous ne sommes pas tout à fait si bien avec les ennemis, mais aussi bien Fuensaldagne et Henquenfort[1] n'ont-ils pas des qualités aussi aimables que vous ; à cela près nous vivons fort bien ensemble. Ils répondent de leur côté à cette intelligence, tout se passe en civilité de part et d'autre, et l'âge d'or, dont Votre Altesse a ouï parler, n'était pas moins sanglant que cette campagne, si l'on excepte le siège d'Alexandrie que nous eussions pris sans doute, s'il eût plu à une fort bonne personne que vous connaissez[2] de nous envoyer les secours qu'on nous avait promis. Je vous souhaite, Monseigneur, plus de bonheur et de plus grands succès ; je suis bien assuré que, si la Fortune veut voir clair une fois en sa vie, vous ne pouvez jamais manquer de prospérité. Si vous étiez aussi dévot que nous le sommes ici, j'offrirais à Votre Altesse des vœux et des prières, mais de l'humeur dont je vous connais, je sais que vous vous fiez plus à votre valeur qu'aux oraisons des bonnes âmes. Je n'ai pas l'honneur de l'être, mais en vérité je crois que je me ferais homme de bien, si cela pouvait vous servir à quelque chose, car je suis résolu de vous témoigner, à quelque prix que ce soit, que je suis avec beaucoup de respect, Monseigneur, de Votre Altesse le très humble, très obéissant et très obligé serviteur.

Guilleragues.

La campagne de Piémont, qui s'était soldée par un échec, fut la dernière pour Conti. Nommé gouverneur de la Guyenne, il semblait devoir y résider une partie de l'année. C'est sans doute

---

1. Don Luis Perez de Vivero, comte de Fuensaldaña, gouverneur général des Pays-Bas, commandait les troupes espagnoles en Piémont ; Henquenfort était son lieutenant général.
2. Les mots « que vous connaissez » ont été ajoutés au-dessus de la ligne par Guilleragues ; il s'agit de Mazarin, qui passe pour avoir dit du siège d'Alexandrie : « Eh bien, si on ne la prend pas, on n'y perdra rien ; ce sera une belle chose qu'on voulait faire, et qu'on n'aura pas faite » (Barthélemy, *Les Nièces de Mazarin*, p. 121).

cette considération qui engagea Guilleragues à se ménager un établissement dans sa ville natale. Le 2 mai 1658, au prix d'un endettement alourdi de quinze mille livres, il achète une charge de conseiller au parlement de Bordeaux. Ainsi, il est bien placé pour négocier avec la ville les préparatifs de l'entrée solennelle du prince comme gouverneur, laquelle a lieu en grande pompe le 2 juin. Après un banquet à Bacalan, remise des clés de la ville, serment à la cathédrale, l'université harangue le prince. Par une infraction au protocole, qui veut qu'on s'adresse aux princes du sang en français, elle le fait en latin, à la demande du prince transmise par Guilleragues, qui peut-être en avait eu l'idée.

En témoignage du rôle qu'il a joué dans l'occasion, Conti accorde à son secrétaire des commandements une marque éclatante de sa faveur : le 8 juillet 1658, il termine son séjour officiel à Bordeaux en se rendant publiquement à son domicile rue Bouhaut. Ce n'est que le prélude à un autre témoignage de satisfaction. Lorsque quelques jours plus tard, le 19 juillet, Guilleragues épouse Marie-Anne de Pontac, fille de messire François de Pontac, sieur de Montplaisir, gentilhomme ordinaire de la chambre du Roi, qui lui apporte une dot de quarante-cinq mille livres, le contrat mentionne la protection que le prince de Conti étend sur la communauté.

Les liens de Guilleragues avec Bordeaux se resserrent encore lorsqu'il est pourvu, le 31 mars 1660, de la charge de premier président de la cour des Aides, servant par trimestre, à laquelle il est reçu le 21 septembre de la même année 1660. Elle lui coûtait quatre-vingt mille livres, dont la dot de sa femme avait dû payer une partie. Pour le reste, il s'était encore endetté davantage. Il est douteux que les gages qu'il en tirait, quatre mille livres par an, aient amélioré sa situation financière lorsqu'il s'en défit en 1668.

Une opération de prestige, coûteuse sur le plan financier, n'avait pas contribué à la relever. Guilleragues, qui avait reçu de sa mère, au titre de l'héritage de son père, deux maisons à Paris dont il tirait un assez bon revenu, les céda à la couronne pour servir à l'extension des cuisines du Louvre. En échange, il recevait la seigneurie de Monségur, dont le revenu était bien moindre. Il est vrai que lorsqu'il se rendait dans la petite ville, il y recevait l'hommage des consuls, accompagné d'un présent : « un petit veau et un mouton », le tout valant 24 livres 10 sols, lors d'une visite le 23 avril 1665, par exemple. Ce n'était pas là de quoi faire face aux besoins de notre « panier percé[1] », à qui, dans l'intervalle, était née une fille, prénommée Marie-Anne.

Parlant de Guilleragues, l'intendant de Guyenne, tout en soulignant qu'il avait « de l'esprit », notait, à la fin de 1663, qu'il n'entrait « point au palais, étant ordinairement auprès de M. le prince de Conti ». Effectivement, Conti s'était démis de sa charge de gouverneur de la Guyenne au profit du duc d'Épernon (7 novembre 1659) pour devenir gouverneur du Languedoc à la mort de Gaston d'Orléans (26 février 1660). De sa résidence favorite de Pézenas, il prenait cette charge à cœur, fondant des collèges, dotant des œuvres charitables. Après avoir été l'organisateur des plaisirs de son maître, Guilleragues commençait lui-même sa propre conversion en devenant le dispensateur de ses aumônes. Conti utilisait aussi ses talents de diplomate et d'homme du monde pendant les sessions des États : il était chargé de gagner les voix nécessaires au vote, toujours difficile, des subsides de la province.

Non qu'il eût cessé de s'intéresser à sa province natale. À l'automne de 1664, on le voit occupé aussi bien à des problèmes de préséance en faveur des premiers présidents de la cour des Aides qu'à des questions économiques : un acte du 5 septembre 1664 l'associe pour la Guyenne au monopole des « chaises roulantes », dans laquelle le duc de Roannez, ami de Pascal, avait des intérêts. Un an plus tard, en octobre 1665, il demande à Colbert l'autorisation de faire procéder par le chevalier de Clerville à des études préalables à des travaux visant à rendre

---

1. Le mot est de Saint-Simon, dans une note au Journal de Dangeau (mars 1687), dont voici le début : « Guilleragues, conseiller au parlement de Bordeaux, était de ces esprits aimables, aisés, amusants, faits pour le grand monde et les bonnes compagnies, et que leur agrément tourné en force tire de la province malgré toutes les plus naturelles barrières. Celui-ci avait eu accès et puis familiarité avec ce qu'il y avait de meilleur à la cour et à Paris, et avait fait une connaissance particulière avec Mme Scarron, qui se tourna en amitié intime. Elle s'en souvint toujours dans son changement de nom et d'état, et, comme Guilleragues était un panier percé, elle le fit envoyer ambassadeur à Constantinople pour se remplumer en cet emploi, très lucratif pour un autre ; mais pour Guilleragues il n'en était aucun » (éd. Coirault, Pléiade, t. I, p. 1052-1053). On comparera ce texte à une autre notice de Saint-Simon : « Guilleragues [...] n'était rien qu'un Gascon, gourmand, plaisant, de beaucoup d'esprit, d'excellente compagnie, qui avait des amis, et qui vivait à leurs dépens parce qu'il avait tout fricassé, et encore était-ce à qui l'aurait » (Pléiade, t. I, p. 317).

navigable le Drot, qui, par l'Endulie, sous-affluent de la Garonne, arrose quelques-unes de ses terres.

Ainsi Guilleragues, au début de 1666, était loin d'avoir abandonné la province pour Paris. Son établissement dans cette ville devait résulter moins d'un changement de résidence que d'un changement de situation. À peine Conti avait-il ouvert la session des États de Languedoc, le 23 novembre 1665, qu'il devait se retirer, malade, dans sa résidence de la Grange-aux-Prés, non loin de Pézenas. Le 29 décembre, l'évêque de Lavaur, qui présidait, écrivait à Colbert que l'absence du prince ne nuirait pas au service du Roi, agissant « comme s'il était présent par l'entremise de M. de Guilleragues, qui est à la vérité un sujet de mérite, et très zélé pour le service du Roi ». De fait, Conti tomba vite dans une insensibilité telle qu'il était impossible de lui parler. Malgré les efforts de Guilleragues, l'intendant dut se contenter d'un subside inférieur à ce qu'espérait Colbert, et le lendemain de la clôture, le 21 février, le prince mourut. Les cérémonies achevées, la princesse rentra à Paris. Se trouvant hors d'emploi, Guilleragues s'adressa à Colbert dans des termes fort humbles, signe de la nécessité dont il se trouvait pressé :

À Paris, le 19 de mai 1666.

Monseigneur,

Quelque indisposition m'a empêché de vous aller faire la révérence aussitôt que je suis arrivé de Languedoc avec S.A.S. Mme la princesse de Conti, et je serai privé de cet honneur encore pour quelques jours. Cependant, Monseigneur, je vous supplie très humblement de trouver bon que je prenne la liberté de vous conjurer, comme j'ai déjà fait, de m'honorer de votre protection, et de me procurer, par vos bons offices, quelque empoi pour le service de Sa Majesté. Je m'attacherai, Monseigneur, avec une entière application, et une parfaite fidélité, aux occupations auxquelles vous daignerez me destiner, de quelque nature, et de quelque médiocrité qu'elles puissent être ; ayant la plus grande passion du monde d'être en quelque occasion de recevoir vos commandements, et d'être honoré de vos

ordres, afin que dans leur exécution exacte je puisse vous
témoigner avec combien de respect et dévouement je suis,
Monseigneur, votre très humble et très obéissant serviteur.

Guilleragues.

Selon toute apparence, la requête resta sans effet, ainsi qu'une
autre présentée par Guilleragues à Colbert le 24 mai, en vue
d'obtenir, auprès du duc de Verneuil nommé gouverneur du
Languedoc en remplacement de Conti, « à peu près le même
emploi pour les affaires et pour les expéditions qu'[il] exerçai[t]
auprès de Monseigneur le prince de Conti », quoique Henriette
d'Angleterre en eût écrit à Colbert. Pis encore pour Guilleragues,
l'office de premier président de la cour des Aides de Bordeaux,
siégeant pour le semestre d'été, se trouva supprimé par arrêt du
conseil. Certes, l'autre premier président, Sudirault, qui devenait
seul premier président, devait rembourser son ancien collègue ;
mais ceux qui avaient prêté à Guilleragues de quoi acheter son
office firent opposition sur les versements. C'est dans ces conditions critiques que, laissant femme et fille à Bordeaux, il se décida
à accepter la charge de secrétaire des commandements du duc de
Fcix, qui ne valait pas Conti[1].

PARIS ET LA COUR

Cela signifiait chercher fortune à Paris : décision grave, scanda-
leuse aux yeux de Saint-Simon, pour qui « les plus naturelles
barrières » auraient dû empêcher un gentilhomme provincial de
faire son chemin à la cour. Mais aussi, c'est un « agrément tourné
en force », comme le note encore Saint-Simon, qui explique la
possibilité de ce geste ; et dans cet « agrément », il ne faut pas
oublier le talent littéraire, qui, comme dans le cas de Racine, joue
un rôle décisif dans l'ascension sociale.
Ce talent littéraire ne s'exprime d'abord que dans des genres

1. Sur le duc de Foix, voire la lettre à Mme de La Sablière, p. 157 et
suiv., n. 4 et suiv.

mineurs, bons mots, petits vers, chansons. Il contribue à ouvrir à Guilleragues l'accès des meilleurs milieux, l'hôtel d'Albret et l'hôtel de Richelieu, où il fait les connaissances utiles de Mme de Montespan, de Mme de Thianges sa sœur, et surtout de Mme de Maintenon, dont il sera un des plus fidèles « adorateurs » ; les salons de Mme de Sévigné et de Mme de La Sablière ; la cour de Monsieur et de Henriette d'Angleterre, et finalement celle du Roi. On est frappé du ton qu'adopte déjà Guilleragues pour parler de Louis XIV dans des couplets qui furent composés en 1668, après les brillants succès remportés dans la campagne de Flandre (mai-septembre 1667) et de Franche-Comté (février 1668), et qui, selon toute apparence, durent être montrés au souverain, peut-être par Louis-François de Brancas, duc de Villars (sans lien avec le maréchal de Villars), familier de Mme de Sévigné (voir p. 11 et 131), qui y est cité :

> Brave Louis, j'entends la Renommée
> Parler bien haut de ton illustre nom,
> De tes vertus elle-même charmée
> Pour les chanter a pris son meilleur ton
> Ton tre lon ton ton, etc.

> Après avoir au temple de Mémoire
> Fait ton portrait d'un éternel crayon,
> Après avoir pris grand soin de ta gloire,
> Avec Brancas elle dit la chanson
> Ton, etc.

> Par ses exploits je suis toute occupée,
> Jamais héros n'usa tant mon poumon ;
> Pour publier les succès d'une année
> J'ai tout exprès fait faire ce clairon,
> Ton, etc.

> Dans le conseil ce sage Roi raisonne
> Comme autrefois au Sénat fit Caton,
> C'est un César quand la trompette sonne

Et qu'au combat l'on marche tout de bon,
Ton, etc.

Son coup d'essai tous les hauts faits surpasse
Du vaillant fils d'Antoine de Bourbon *,
Il va plus loin que tous ceux de sa race,
Moins de lauriers ont couronné leur front,
Ton, etc.

Dedans sa cour on ne peut se méprendre,
Et l'on n'y voit aucun Éphestion.
Il est aisé de connaître Alexandre,
Car il a seul l'air d'être le patron,
Ton, etc.

Sur un sujet ce prince me fait taire,
Il me défend d'en faire mention.
Je dis pourtant sans gâter le mystère
Qu'il est vainqueur en plus d'une façon.
Ton, etc.

Je dis aussi, ce qu'à peine on peut croire,
Qu'il a lui seul trouvé l'invention
De bien mêler le plaisir à la gloire
Et le repos à l'occupation.
Ton, etc.

Cette pièce est instructive à plus d'un titre. Elle montre que Guilleragues est assez avant dans la familiarité du prince non seulement pour être au courant de sa liaison avec Mme de Montespan — toute récente et gardée aussi secrète que possible —, mais même pour oser y faire allusion. Ainsi, l'éloge attendu d'un roi qui remporte des victoires à la tête de ses troupes dans la tradition de la chevalerie française se double d'un

* Henri IV (note du manuscrit).

compliment discret sur les mœurs de Louis, qui, à la différence de son frère Philippe, n'est pas l'esclave d'un « Éphestion », le favori d'Alexandre ; ainsi que d'une flatterie adressée au vainqueur de la brillante Montespan, à qui allait être offert le « grand divertissement royal de Versailles » (18 juillet 1668).

C'est de cette époque, celle où Guilleragues se trouve secrétaire des commandements chez le duc de Foix (1666-1669 environ), que date toute son œuvre proprement littéraire. Sans doute n'est-ce pas un hasard. La belle littérature était à l'honneur chez le duc, puisqu'on y faisait représenter à grands frais, comme on le verra p. 159, les tragédies de Racine. Guilleragues, qui prenait part à ces divertissements, trouvait en Racine non seulement un maître dans les belles-lettres, mais l'exemple d'un succès mondain obtenu grâce à celles-ci. Publiant *Andromaque* en janvier 1668, Racine venait d'être autorisé à se glorifier de la protection que Henriette d'Angleterre avait accordée à l'auteur, et même de l'intérêt qu'elle avait pris à l'élaboration de la pièce. Or, plaire à Madame, c'était, comme le dit Raymond Picard [1], « plaire au Roi lui-même ».

Or, curieusement, les deux ouvrages composés en cette année 1668 par Guilleragues portent la marque de Madame. Les *Valentins* répondent à une coutume anglaise, et leur nombre, trente « masculins » et trente « féminins », s'accorde à ce que pouvait être la compagnie à la cour de Saint-Cloud. On a vu, p. 42, le rôle que Henriette devait avoir joué dans la genèse des *Lettres portugaises*. Comme dans le cas de Racine, on imagine aisément que le succès de cette dernière œuvre auprès de Madame ne dut pas rester sans écho chez son beau-frère. Il est impossible en tout cas de ne pas mettre en rapport avec ce succès la nouvelle carrière qui s'ouvre alors à Guilleragues. L'achevé d'imprimer des *Portugaises* est du 4 janvier 1669, celui des *Valentins* du 20 août de la même année ; or, le 21 octobre suivant, on le voit acheter du sieur Bartet la charge de « secrétaire ordinaire de la chambre et du cabinet de Sa Majesté », servant par trimestre. Il s'agit d'un poste de toute confiance, puisque le secrétaire de trimestre a « les clés des coffres » et « couche en la chambre et garde-robe du Roi », dont il rédige les « lettres

1. *La Carrière de Jean Racine* (1956), nouvelle édition augmentée, Gallimard, 1961, p. 130.

particulières ». Tels passages des *Valentins* évoquant le Roi « beau, bien fait et galant » étaient presque des offres de service, et il n'est pas impossible d'interpréter dans le même sens les couplets cités ci-dessus. On peut être sûr que Louis XIV, qui goûtait les lettres d'amour[1], avait remarqué en l'auteur des *Lettres portugaises* un homme capable d'en écrire mieux que personne, au moins aussi bien que Dangeau, qui s'en acquitta à l'occasion sous le règne de la Montespan.

Mais si le succès des *Lettres portugaises* explique que Guilleragues soit devenu secrétaire du cabinet dans des conditions très favorables, puisque un « brevet de retenue » lui en garantissait la revente au prix de cent cinquante mille livres, l'obtention de cette charge suffit à elle seule à expliquer la discrétion dont lui-même et ses amis devaient envelopper la paternité des Lettres de la prétendue religieuse. Même à l'époque où le Roi n'était pas encore tombé dans la grande dévotion, il n'aurait pas été convenable que son secrétaire privé passât publiquement pour l'auteur d'une œuvre où la religion n'était pas traitée avec un respect particulier.

Ce que furent les missions de Guilleragues dans cet emploi, on ne le sait guère, ce qui est naturel, vu leur caractère confidentiel. On apprend seulement, par le témoignage de Bonnac, qui sera à son tour ambassadeur à Constantinople, et dont l'oncle, Bonrepaus, avait été un intime de Guilleragues, qu'elles pouvaient revêtir un aspect politique : il avait commencé à travailler avec le Roi à une comédie qui aurait été une « affaire d'État », mais qui ne fut pas achevée. On peut juger que la première qualité requise du secrétaire intime devait être la discrétion. C'est ce que Boileau en retient dans l'*Épître V*, qu'il lui dédie en 1674, et qui commence par les vers connus :

> *Esprit né pour la cour, et maître en l'art de plaire,*
> *Guilleragues, qui sais et parler et te taire...*

---

1. La Rivière, gendre de Bussy-Rabutin, écrivait que le Roi s'était fait lire les lettres « toutes de feu » que sa femme, fille de Bussy-Rabutin et veuve du marquis de Coligny, avait écrites, et s'en était « fort diverti » (*Lettres choisies de M. de La Rivière*, 1751, t. II, p. 208). Ce sont ces lettres que Mme de Sévigné appelait justement des « portugaises » ; voir p. 12, n. 1.

Si les mots « parler » et « te taire » faisaient pour le public allusion à l'intimité qui lui permettait de rapporter ou de taire au Roi les propos qu'il entendait, rien n'empêchait peut-être quelques initiés de songer aux productions non avouées de l'écrivain.

Ces fonctions à la cour, qui n'occupaient Guilleragues que pendant le trimestre d'hiver, ne nuisaient pas, tant s'en faut, à ses fréquentations mondaines. À la ville ou à la campagne, il est de la compagnie d'élite qui se retrouve chez Gourville, Coulanges, Brancas, le duc de Richelieu, La Rochefoucauld, et qui rassemble Mme de La Fayette, Mme de Sévigné, Mme Scarron, Mme de Thianges, et des écrivains comme Boileau et Racine, avec bien d'autres dont Guilleragues évoquera mélancoliquement le souvenir dans la lettre à Mme de La Sablière reproduite p. 151-172. Dans cette société, Guilleragues est un plaisant respecté, redouté même pour ses bons mots, dont feront les frais aussi bien des gens du monde tels que Grignan ou Coulanges qu'un écrivain comme Pellisson, dont Guilleragues disait, selon Mme de Sévigné écrivant à sa fille le 5 janvier 1674, qu'il « abusait de la permission qu'ont les hommes d'être laids », Ce ton volontiers satirique n'est pas pour surprendre de la part de l'auteur des *Lettres portugaises*. On le retrouve, mêlé à une pointe d'anticléricalisme, dans une chanson remontant à la même année 1674, que voici :

Chanson

Sur l'air : *Ce que cause la guerre en France*

À François Barthélemy de Grammont, abbé de Calers,
docteur en théologie de la Faculté de Paris,
agent général du Clergé de France[1] :

> Si du Roi la bonté surprise
> Me faisait ministre d'État,
> Je n'aime pas assez l'Église
> Pour ne te pas faire prélat.

---

1. François de Barthélemy de Grammont, docteur de Sorbonne, conseiller au parlement de Toulouse, agent général du clergé de France, succéda en 1668 à son oncle François dans la dignité d'abbé de Calers (diocèse de Rieux), puis d'Eaunes (diocèse de Toulouse) ; nommé évêque de Saint-

Si Guilleragues, en devenant secrétaire du cabinet, a renoncé à la littérature de divertissement, comme y renonceront un peu plus tard Racine et Boileau, ses talents d'écrivain vont de nouveau lui être utiles. En 1675, pour payer des dettes de plus en plus criantes, il doit vendre sa charge à un diplomate, Louis Verjus, qui fut un peu plus tard de l'Académie française. Fort opportunément, une nouvelle mission l'attendait. La *Gazette de France,* qui informait officiellement les Français des grands événements du règne, ne satisfaisait plus le public. Le 17 mars 1675, Bayle, qui s'était plaint à Minutoli l'année précédente de sa mauvaise qualité, écrit au même correspondant que le style en est devenu « fort beau et fort coulant » depuis que Guilleragues en a la charge avec Bellinzani. Les articles dans lesquels on peut identifier la plume de Guilleragues sont en effet bien écrits, mais le genre trop sérieux, voire pompeux de cette publication, ne lui convenait guère [1].

Du reste, une nouvelle tâche l'attendait. En avril 1670 déjà, quand il avait été question de remplacer La Haye-Ventelet comme ambassadeur à Constantinople, le bruit avait couru que le Roi allait envoyer à sa place « le sieur de Guilleragues, secrétaire du cabinet ». Mais c'était en fait le jeune Ollier Nointel qui devait être nommé. En 1677, on savait que Nointel avait échoué. Non seulement il n'avait pu obtenir, comme ses prédécesseurs, les honneurs du sofa (qui consistaient à être reçu par le vizir sur une estrade au même niveau que lui), mais la situation financière et morale de l'ambassade était très obérée. En décembre 1677, le

---

Papoul par Louis XIV en 1675, il fut sacré le 5 décembre 1677. Dès 1676, il s'occupa activement des États de Languedoc. Il eut à prononcer l'éloge funèbre de Marie-Thérèse. On lui doit la reconstruction du palais épiscopal de Saint-Papoul, et il passe pour avoir bien organisé la prédication dans son diocèse. Il mourut en janvier 1716. — Dans sa Correspondance, Guilleragues oppose souvent avec une ironie sévère le luxe des évêques de France à la pauvreté évangélique des évêques d'Orient. Or, Mme de Sévigné parle du « Papoul » comme d'un épicurien (à Mme de Grignan, 31 août 1689). Guilleragues, qui avait à peu près son âge, l'avait peut-être connu dès l'époque de ses études de droit à Paris, puisque Barthélemy de Grammont était docteur en droit de Paris aussi bien qu'en théologie.

1. Les articles de la *Gazette de France* qu'on peut attribuer à Guilleragues sont reproduits dans nos deux éditions des *Lettres portugaises* Garnier, 1962, p. 197-218 ; Droz, 1972, p. 179-193.

Mercure galant annonçait la nouvelle de la nomination de Guilleragues[1]. Selon Saint-Simon, qu'on répète toujours, c'est Mme de Maintenon qui aurait procuré à Guilleragues cette ambassade où il pouvait « se remplumer[2] ». Mais à cette époque, elle n'est encore que « la veuve Scarron », et c'est plutôt elle qui charge Guilleragues d'intervenir en faveur de ses protégés. En fait, c'est Seignelay, fils de Colbert et secrétaire d'État à la Marine —, de qui l'ambassade de Constantinople dépendait alors tout autant que du ministre des Affaires étrangères, Pomponne —, qui dut recommander Guilleragues. Il convenait effectivement pour remplir le poste. Quand il prit congé du souverain pour le rejoindre, Louis XIV lui donna pour instruction de faire « tout le contraire de ce qu'avait fait son prédécesseur » — à quoi Guilleragues répondit qu'il espérait que le souverain ne donnerait pas les mêmes instructions à son successeur. Par son faste excessif, ses allures de proconsul quand il se rendait à Jérusalem ou à Athènes, Nointel avait mécontenté la Porte, tandis que ses dépenses l'amenaient à taxer les bateaux de commerce de Marseille. Outre le tact et la modération nécessaires pour réparer ces erreurs, Guilleragues, par ses fonctions auprès du Roi et à la *Gazette de France,* était au courant des desseins de Louis XIV, connaissance d'autant plus précieuse qu'en raison de l'incertitude des communications le poste de Constantinople était souvent livré à ses seules ressources, et que de toute façon la politique consistant à inquiéter l'Empire grâce à la menace turque ne pouvait guère être clairement exposée à la face du monde chrétien.

Les négociations qui devaient aboutir à la paix de Nimègue

1. Elle était reprise dans le numéro de janvier 1678 avec ce commentaire où l'on peut voir une allusion aux *Lettres portugaises* et aux *Valentins* : « la réputation où il est pour ce qui regarde l'esprit devrait m'engager à vous en faire l'éloge, mais les ouvrages que nous avons de lui en disent plus que je ne pourrais vous en dire » (p. 223-224).
2. Voir p. 124, n. 1. — Effectivement, l'ambassadeur pouvait vivre à Constantinople de la pension que lui faisait la Chambre de commerce de Marseille, tandis qu'il touchait en France les émoluments reçus de la cour ; c'est ce que faisait Guilleragues grâce à un fondé de pouvoir, Delagny, directeur du Commerce, homme de confiance de Colbert, puis de Seignelay. On notera pourtant que Nointel, prédécesseur de Guilleragues à Constantinople, avait trouvé moyen de s'y ruiner par le faste dont il s'était entouré.

(1678) furent sans doute la cause des délais dans l'envoi du nouvel ambassadeur. Il ne reçut les fonds nécessaires à sa mission qu'en mai 1679, et ne quitta Paris que le 19 juillet. Au début d'août, il était reçu à Avignon par le vice-légat, *Monsignor* Nicolini, et rendait compte de cette réception au ministre Pomponne par une lettre d'Aix. On y voit l'importance qu'avait l'étiquette pour un ambassadeur du roi de France, en même temps que l'humour avec lequel Guilleragues regardait les choses et lui-même :

À Aix, le 8 d'août [1679].

Monsieur,

Je crois que je dois vous rendre compte de la manière dont Monsieur le vice-légat d'Avignon m'a traité. J'arrivai le soir avec une ferme résolution de n'être point harangué et de proposer un *incognito,* en cas qu'on sût que j'étais dans la ville, où j'avais quelques ordres à donner pour mes ballots, dont j'ai cru que le soin n'était pas indigne d'un ambassadeur qui n'est pas en état de faire deux fois son équipage. Je descendis chez le sieur Martinon, que son malheur n'a pas déserté[1]. Monsieur le vice-légat ne manqua pas de m'envoyer son secrétaire un moment après. Je lui dis que j'étais indisposé, que le lendemain j'irais à Cabrières à quatre heures du matin, que je n'avais que deux valets avec moi, et que je le priais de me dispenser de recevoir les cérémonies qu'il préparait au caractère dont le Roi m'avait honoré. Je lui envoyai un moment après un gentilhomme pour le remercier et pour

---

1. L'histoire des « malheurs » de Martinon est contée par Robert Challe, dans son *Journal de voyage aux Indes* (1690-1691 ; Mercure de France, 1979, p. 369-373 ; 2e éd., 1983, t. II, p. 94-98). Ils commencent par la mésaventure, en 1675, d'un célèbre marchand arménien, Rupli, venu en France pour y vendre des diamants, et qui en fut dépouillé par les commis des Fermes à Penne, alors qu'il se rendait à la foire de Beaucaire. Les employés des Fermes étant protégés par Martinon, directeur des Fermes à Beaucaire, Rupli dut demander justice à Paris. Il l'obtint grâce à Colbert. Jean Martinon fut condamné, selon Challe, à la prison perpétuelle, mais cette peine dut être commuée.

lui rendre son compliment. Je partis pour aller voir le prieur de Cabrières, et je revins le même jour fort tard chez M. de Montarègue, avec dessein de n'entrer plus en Avignon. J'y trouvai trois hommes chargés expressément de me représenter que le pape et le Roi ne pardonneraient jamais à Monsieur le vice-légat la faute énorme qu'il ferait s'il ne me rendait pas tous les honneurs possibles, et il avait surtout prié le sieur Martinon d'obtenir de moi la grâce de passer à Avignon. Je trouvai Monsieur le vice-légat pied à terre sur le bord, attendant que je sortisse du bateau, que M. de Montarègue fit remplir de gardes, de gentilshommes de Languedoc et des consuls de Ville-neuve. J'entrai dans le carrosse de cérémonie qui était précédé par la garde à cheval vêtue comme les chevau-légers du Roi, et je crois que c'est toute la ressemblance. Tout le peuple d'Avignon était sur le port, les dames qui me trouvèrent apparemment fort gros y étaient aussi, et je crois d'autant plus volontiers que tous les carrosses du Comtat avaient eu ordre de se trouver au cortège, qu'il y en avait quarante et deux. Nous passâmes par le plus long chemin pour aller au palais, où l'on tira tout le canon. Monsieur le vice-légat me mena dans son appartement ; il m'assura que j'étais le maître de tout l'État, je lui répondis que je n'abuserais pas de mon pouvoir. Il me donna un grand souper, et le lendemain un plus grand dîner, et il me conduisit avec le même cortège jusques aux confins de l'État. Je lui avais fait dire que puisqu'il voulait me recevoir en ambassadeur du Roi, je voulais être traité comme M. le duc d'Estrées [1], et cela fut exécuté.

Pour témoigner quelque reconnaissance à Monsieur le vice-légat, je ne puis m'empêcher, Monsieur, de vous dire qu'il est très réglé dans ses mœurs, qu'il aime la justice, et que les principaux du Comtat m'ont assuré sincèrement

1. Le duc d'Estrées était ambassadeur à Rome.

que jamais il n'avait été si bien gouverné. Il me dit en soupant qu'il fallait être insensé pour ne craindre pas le Roi, ignorant pour ne comprendre pas à quel excès étaient sa gloire et sa puissance, et fort malhonnête homme pour n'avoir pas un respect tendre et personnel pour Sa Majesté. Il me fit voir un travail qu'il a commencé pour l'histoire de France ; c'est une espèce de carte chronologique. Je lui appris l'incorporation des chambres de l'Édit [1] ; il s'écria, les larmes aux yeux, que le Roi gagnerait aussi certainement le Ciel, qu'il avait conquis la Flandre et la Franche-Comté, et dans ce mouvement il dit quelques paroles qui étaient plus avantageuses pour le Roi que pour saint Louis.

On m'a dit qu'il avait une grande envie d'être nonce ; ses discours sont fort sages et fort composés dans la conversation ordinaire ; il fait des aumônes et sa vie est exemplaire, il étudie beaucoup, et il a ramassé quelques gens savants. Vous croirez bien, Monsieur, que je ne prétends pas que l'ambassadeur de Constantinople ait aucune part à la nomination des nonces en France.

L'archevêque d'Avignon m'envoya demander si je lui donnerais la main [2] dans ma chambre s'il venait me voir au palais, je lui répondis que je ne lui donnerais pas, la négociation fut finie, et je ne le vis point.

Je serai ici trois ou quatre jours pour travailler avec les députés du commerce [3], et j'irai ensuite à Toulon. Je suis, avec tout le respect possible, Monsieur, votre très humble et très obéissant serviteur.

Guilleragues.

1. Les chambres de justice mi-parties instituées par l'Édit de Nantes furent « incorporées », c'est-à-dire en fait réduites au droit commun, donc « catholicisées ».
2. « Donner la main » signifie « donner la main droite et le lieu d'honneur ».
3. C'est-à-dire la Chambre de commerce de Marseille ; voir la suite.

D'Aix, Guilleragues se rendit à Marseille, où il rencontra les représentants de la Chambre de commerce, qui lui firent des cadeaux et lui versèrent une année d'avance sur sa pension, soit seize mille livres ; puis à Toulon, où il embarqua avec sa femme et sa fille le 11 septembre ; il y avait aussi sur le navire (qui était commandé par le marquis de La Porte) le P. Nau, supérieur de la mission d'Alep, le P. Besnier, aumônier de Guilleragues, qui joua un rôle important dans son conseil, ainsi qu'Antoine Galland, le futur traducteur des *Mille et Une Nuits,* envoyé en Orient pour la troisième fois afin d'y acheter manuscrits et médailles pour Colbert. D'après Galland, Guilleragues trouva moyen de faire représenter une comédie sur le navire, en attendant un vent favorable.

La première escale fut à Cagliari de Sardaigne (17 septembre), où Guilleragues se vante, dans une lettre à Seignelay, d'avoir su « tenir sa gravité » quand il y reçut les hommages des personnalités du lieu, représentant le président faisant fonction de vice-roi d'Espagne. Nouvelle escale à Malte, dont Guilleragues rend compte à Pomponne, dans une lettre où l'on retrouve et sa passion pour la gloire de son maître et son humour :

[30 septembre 1679.]

J'ai eu l'honneur de vous rendre compte de la manière dont le vice-légat me traita, voici le détail de ce que le Grand Maître de Malte a fait en considération du caractère dont je suis honoré : je n'aurai plus à vous entretenir que du Grand Seigneur et du Grand Vizir qui sont plus profanes et moins polis qu'un prélat et qu'un chef d'Ordre[1].

Le vaisseau sur lequel je dois passer à Constantinople parut à la vue de Malte mercredi dernier 27 de ce mois à midi, seizième jour de notre partance de la rade de Toulon. Le bailli Dufresnoy, chef de l'auberge de

---

1. L'ordre de Malte. Le Grand Maître était alors l'Espagnol Rafaël Cotoner ; il devait mourir l'année suivante (1680).

France[1], vint au devant de moi à cinq milles du port. Le chevalier de Tincourt, qui est commis pour les affaires du Roi, arriva un moment après. Le commandeur de Cany, secrétaire du Grand Maître, vint ensuite m'offrir un appartement dans le Palais ou une maison que son Éminence a achetée dans la ville. Le bailli Carlo Qattola, Napolitain attaché aux intérêts de France, monta à bord avec plusieurs commandeurs. Enfin le vaisseau entra dans le port. J'envoyai le chevalier de Tincourt complimenter le Grand Maître, nous mouillâmes, on salua la ville qui rendit le salut coup pour coup et tout de suite tira douze boîtes[2]. Dans ce moment, Don Juan de Galdiani, Grand Prieur de Navarre, sénéchal du Grand Maître, rentra dans le vaisseau avec une grande suite de commandeurs et il m'offrit tout ce qui dépendait du Grand Maître, sans aucune sorte de ménagement pour les termes, et me témoigna la joie qu'avait Son Éminence de mon arrivée. Je descendis. Le Cavalerisse[3] m'offrit les carrosses qui me conduisirent dans une belle maison que j'ai mieux aimée que l'appartement dans le palais ; on me salua encore de treize coups de canon. Le premier et le second maître d'hôtel avec plusieurs officiers me reçurent à la porte de la maison où j'eus plusieurs visites.

J'allai le lendemain au palais ; je crus que dans un lieu où il y a des gens de condition de plusieurs nations il était à propos de déployer la magnificence d'un des habits du Roi qu'on m'a donnés.

Le marquis de La Porte, les officiers du vaisseau et quelques volontaires ont fait beaucoup de dépense, mes gens sont bien vêtus et on n'a rien vu à Malte de plus doré. J'avoue que je donnai dans cette occasion un témoignage

---

1. On appelait à Malte « auberge » le lieu où étaient logés les chevaliers de chaque « langue » ou « nation » ; voir plus loin.
2. Des boîtes à feu sans balle, c'est-à-dire des coups à blanc.
3. « Cavalerisse » désigne un dignitaire de l'Ordre, correspondant à un grand écuyer.

bien pénible de mon zèle pour la dignité de mon caractère et je pourrais me plaindre dans cette dépêche avec autant de raison que le cardinal d'Ossat[1] de l'excès de la chaleur.

Le Grand Maître me reçut dans son lit ; il ne peut se tenir debout et il se lève quelquefois pour se mettre sur une chaise. J'aimai mieux cette manière ; je rendis la lettre du Roi ; il parla de Sa Majesté longtemps avec un profond respect et une grande admiration. Il me pria de rendre compte de tout ce qu'il voulait faire et de tout ce qu'il faisait pour honorer mon caractère et ma personne. Les principaux officiers m'accompagnèrent à l'audience ; il me semble que je dis ce qui convenait. Je fus reçu à la porte et reconduit. Tout se passa fort bien ; on me traite magnifiquement et tous mes gens. Des Grands Croix et des commandeurs de toutes les nations viennent dîner et souper avec moi.

Le Grand Maître est venu voir ma femme. Je ne m'y trouvai pas parce qu'on le porte dans une chaise dont il ne peut sortir. Il m'a paru qu'un ambassadeur suivant une chaise ne faisait pas une figure décente. Il dit à mes gens qu'il était venu me voir. Quatre Grands Croix espagnols m'ont fait demander ce matin si je leur donnerais la main. Je leur ai mandé que non, et que je trouvais leur prétention très mal à propos : des gens de semblable dignité de Gênes, de Naples et de plusieurs autres lieux qui ne sont pas de la domination du Roi n'y ayant pas pensé.

On vient me demander l'ordre tous les jours et je reçois toutes les honnêtetés possibles que personne n'a reçues ici. Le commandeur de Cany, secrétaire du Grand Maître, gentilhomme de beaucoup de mérite et d'esprit, est

---

1. Antoine d'Ossat (1537-1604), d'humble naissance, devint cardinal grâce à ses talents diplomatiques. Ses lettres ont été longtemps considérées comme un classique de la diplomatie ; Guilleragues les cite encore dans la lettre à Mme de La Sablière, p. 170.

toujours avec moi, et j'en reçois mille sortes d'avis et d'offices. Il est fort jaloux de tout ce qui regarde l'honneur qu'on doit à un ambassadeur de Sa Majesté. Tous les Grands Croix étrangers me font cent interrogations sur la personne du Roi et sur ses qualités admirables. Je vous assure qu'on ne parle pas autrement à Saint-Germain. Je partirai dans deux jours ; je suis avec beaucoup de respect, Monsieur, votre très humble et très obéissant serviteur.

Guilleragues.

AMBASSADE À CONSTANTINOPLE

C'est ensuite Constantinople, où de nouveau les questions de protocole retardent le débarquement. Plutôt que la lettre au Roi de ton assez officiel qui en rend compte, voici celle que Guilleragues écrivit à Pomponne un peu plus tard pour l'informer de la liquidation des affaires de Nointel ; on y retrouve ses « agréments » ordinaires, faits d'un mélange particulier de beau style et de drôlerie :

Au Palais de France,
le 22e de Xbre [décembre] 1679.

Monsieur,

Je vous adresse la lettre que je me donne l'honneur d'écrire au Roi par une barque qui va partir. Il y a trois semaines que je pris la liberté de vous adresser un paquet par la voie des messagers de Venise [1] ; mais je crois que vous recevrez celui-ci plus tôt que l'autre. Ainsi je vous envoie le duplicata de ma première dépêche.

Les affaires de M. de Nointel me donnent une peine extrême. J'ai ordre d'entrer en paiement pour les dettes

1. C'était la voie de terre, plus sûre, mais plus lente que la voie de mer ; voir la lettre à Mme de La Sablière, p. 154 et n. 1.

des sujets du Grand Seigneur qui monteront à plus de cent dix mille francs. J'en trouve de nouvelles depuis qu'il m'a donné son mémoire. Il ne comprend pas que je n'aie pas porté tout ce qui est nécessaire pour l'entier paiement de toutes ses dettes qui vont à près de deux cent mille francs ; sans compter plus de trente (et huit)[1] mille écus dus aux Échelles de Smyrne, de Scyde et d'Alep. Je fais tout ce qui m'est possible pour le contenter, mais mon pouvoir est fort au-dessous de ma bonne volonté. Son chagrin est extrême ; son esprit est aigri. J'en suis au désespoir. Mais je n'en suis pas la cause. Un homme qui est près de lui et qu'il aime uniquement l'a jeté dans de grands désordres. Il croit que j'ai de l'argent du Trésor Royal et que je ne veux pas lui donner. Il a de la peine à se résoudre à partir. Cependant M. le marquis de La Porte, qui est parti le 10 septembre étant armé pour sept mois et devant entrer dans le port de Toulon avec quinze jours de vivres et passer à Smyrne pour y attendre les marchands huit ou dix jours, ne veut pas mettre à la voile plus tard que le douzième de janvier, devant arriver le 26 ou le 27 de mars. M. de Nointel croit que je puis retenir le vaisseau tant que je voudrai. Cependant, Monsieur, il est vrai que je n'ai ni d'ordre, ni de pouvoir, ni de crédit, ni d'argent pour faire un fonds afin de nourrir l'équipage. Je sais bien que M. de Nointel est très excusable d'avoir et de témoigner du chagrin. Je le radoucis, je lui fais parler. Je n'ai guère de conversations avec lui sur ses affaires. Il est trop disposé à des plaintes. Je vous proteste, Monsieur, avec tout le regret et toute la vérité que je vous dois, que mon ministère en cette occasion est très désagréable, que je voudrais du meilleur de mon cœur le contenter. Mais il m'est très difficile, n'osant manquer à la fidélité exacte que

---

1. Les mots « et huit » ont été ajoutés de la main de Guilleragues sur l'original, d'une main de secrétaire, et seulement signé. — Les « Échelles du Levant » sont des places de commerce sur les côtes de la Méditerranée orientale.

je dois à mes ordres, de trouver des moyens de satisfaire un homme qui se croit outragé et qu'on ne peut persuader des vérités qui lui déplaisent. Vous me faites sans doute l'honneur de ne me pas croire d'un naturel malfaisant et incompatible, mais j'avoue que je ne suis pas assez habile pour faire recevoir agréablement des ordres désagréables et que je ne saurais dire : *cailla cailla, dom Carlos, todo lo que se hase es pour sou bien*[1].

J'espère que les dettes des sujets du Grand Seigneur seront bientôt payées en draps et en argent qui sont les effets de la nouvelle compagnie du Levant[2]. J'entre du meilleur de mon cœur dans l'état douloureux où M. de Nointel se trouve. Je m'attendris là-dessus, mais le secours des lamentations est infructueux.

J'ai quelque espérance d'être mieux traité que les autres représentants à l'audience publique du Vizir. Je n'oublie rien assurément pour avoir cet avantage dont je me flatte avec une très médiocre confiance. L'incertitude du retour du Grand Seigneur à Constantinople et les voyages que le Vizir fait à Chastalgié pour voir Sa Hautesse éloignent mes audiences. M. de Nointel croit qu'il est obligé d'y assister. Mais M. de La Porte ne voudra pas attendre et je n'oserais l'arrêter.

Vous verrez, Monsieur, par la lettre que j'ai l'honneur d'écrire au Roi, et que je vous supplie de lui rendre, ce que je ne saurais répéter ici sans vous ennuyer.

Le résident de Pologne[3] m'a fait dire par un gentil-

---

1. Traduction de ce proverbe espagnol : « Doucement, doucement, Don Carlos, tout ce qui se fait est pour votre bien. »
2. Dans le cadre de sa politique commerciale (voir p. 134, n. 1), Colbert avait fondé en 1670 une nouvelle « compagnie du Levant » pour remplacer celle qu'avait fondée Richelieu, et qui avait périclité.
3. Dans une série de nouvelles que Guilleragues adressera quelques mois plus tard à Colbert de Croissy, frère de Colbert, qui venait de remplacer Pomponne aux Affaires étrangères, il décrit ainsi l'envoyé de Pologne : « Samuel Proski, neveu du palatin de Culm, est le plus imbécile, le plus altéré et le plus indigne ministre du monde. »

homme français qu'il ne m'était pas venu voir et qu'il ne m'avait pas encore envoyé visiter parce qu'il ne faisait aucune figure ici. Il eût pu y ajouter qu'il ne sortait de table que rarement et qu'il était occupé à faire des débauches de deux jours entiers d'eau de vie. Le Grand Douanier a fait une avanie de plus de vingt-et-cinq mille écus à M. Ciuvrani, ambassadeur de Venise. M. Morosini et lui me témoignent toute l'amitié et toute la considération possible.

J'attends une barque et un vaisseau qui devaient partir de Marseille il y a plus de six semaines. J'espère que je recevrai bientôt les ordres du Roi et les vôtres. Je les exécuterai fidèlement et je suis avec beaucoup de respect, Monsieur, votre très humble et très obéissant serviteur.

Guilleragues.

Quoique la nouvelle que j'ai à vous dire, Monsieur, ne soit pas assez importante pour m'obliger d'ouvrir mon paquet, je l'ouvre cependant pour vous faire savoir que le résident de Pologne m'est venu voir aujourd'hui. Je veux croire qu'il sait le polonais, mais je puis vous assurer qu'il ne sait point parler latin ni italien. Il a trouvé un mauvais moyen de composer un jargon fort singulier de ces deux langues. Je lui ai parlé des affaires de Pologne ; il n'en sait pas un mot. Il m'a assuré plusieurs fois qu'il voulait mourir pour son pays, qui lui en est d'autant plus obligé qu'il ne le connaît point du tout. Il s'est cru obligé de me demander comment se portait le Roi, qu'il appelle Sérénissime. Je lui ai répondu qu'il se portait bien, Dieu merci à son service. Il s'est plaint qu'il avait douze domestiques grecs, qui étaient tous traîtres. Je n'ai jamais vu un pareil ministre, ni vous aussi, Monsieur, qui en avez vu plus que moi. Les Turcs sont avertis des instances que font les Polonais près des Princes chrétiens et ils se préparent à la guerre, souhaitant beaucoup la paix. Il est certain qu'ils n'ont jamais eu moins de bonnes troupes qu'à présent et qu'ils n'ont jamais employé tant de moyens pour avoir de l'argent.

Ce n'est pourtant pas plus dans les lettres à Pomponne que dans celles du Roi, qu'on découvre Guilleragues intime, c'est dans celles qu'il adresse à Seignelay, de vingt-trois ans plus jeune que lui et qu'il semble avoir aimé comme un fils. Il ne serait pas difficile, en y supprimant les aspects concernant le service [1], d'en faire une série comparable aux *Portugaises*. Même citées intégralement, elles trahissent de plus en plus douloureusement le sentiment d'abandon qui s'empare de l'exilé. Voici celle qui pourrait faire la première de la série, parmi celles qui nous sont parvenues :

Au Palais de France à Péra,
le 8 [février 1680].

Je ne reçois point de vos nouvelles, Monsieur ; je ne saurais m'empêcher de me plaindre souvent de ce retardement malheureux. J'ai fait le mieux qu'il m'a été possible pour terminer les affaires de M. de Nointel. Je voudrais bien être assuré, pour me délivrer de mes inquiétudes, que Monsieur votre père et vous fussiez contents. On écrit de Malte que Monsieur votre oncle a la charge de M. de Pomponne : vous pouvez penser que je suis bien profondément touché de tous les avantages de votre maison. Il me semble que je reçois toutes les grâces que le Roi vous fait. J'espère que vous me ferez l'honneur et le plaisir de m'écrire que vous êtes ministre. Je ne puis me consoler de

---

1. Seignelay ayant en charge la Marine, ses attributions comprenaient le commerce extérieur, ainsi que tout ce qui concernait les consuls. Parfois Guilleragues ajoute à la lettre de service quelques considérations plus personnelles, tantôt il joint à cette lettre une autre lettre de caractère entièrement personnel. Malheureusement, seules quelques lettres de ce dernier type ont été conservées dans les archives de la Marine. Celles parmi les autres qui survécurent passèrent dans les papiers personnels de Seignelay.

ne rien savoir de tout ce qui vous touche. J'attends une barque à tous les moments. Je suis bien inquiet sur votre santé et sur votre mariage [1]. Le sieur Magy partira dans deux mois et nous vous ferons nos petits présents. Il vous portera aussi des échantillons. J'ai cru, Monsieur, que je devais adresser ma dépêche à M. de Pomponne, n'étant pas assuré de sa disgrâce. On m'a envoyé de Smyrne une vieille gazette où j'ai vu la mort de M. Renaudot [2] ; si j'eusse été à la cour, j'aurais peut-être trouvé quelque avantage ; peut-être aussi, Monsieur, aurez-vous eu aussi la bonté d'y penser. J'ai honte de vous avoir tant importuné sur les madragues, sur la charge de secrétaire de Madame la Dauphine [3], sur le mariage de ma fille, sur la gazette, sur tout ce dont j'ai besoin, mais à qui puis-je recourir ? Accoutumez-vous, s'il vous plaît, à souffrir toutes les propositions que j'ai pris la liberté de vous faire. Je vous ai demandé aussi votre secours près de M. Desmarets [4], et quelque audience de M. Delagny. Candie [5] vous envoie des bottes, un porte-lettre et un mouchoir. Il vient me voir quelquefois. Je vous supplie, Monsieur, de n'oublier pas mon attachement très respectueux. Je crois que Madame votre femme vous aime beaucoup. Cependant, je vous supplie de lui dire qu'un homme qui prétend

---

1. Le 6 septembre 1679, Seignelay avait épousé en secondes noces Catherine-Thérèse de Matignon. Magy[s] était envoyé par la Chambre de commerce au Caire et devait y exercer les fonctions de consul.

2. François Renaudot, mort le 19 octobre 1679, était le directeur en titre de la *Gazette de France* depuis le 6 août 1672, date à laquelle il en avait reçu le brevet à la suite de son oncle, Eusèbe, et de son grand-père, Théophraste.

3. Marie-Anne-Christine-Victoire de Bavière allait épouser le grand dauphin Louis (1680). Le contrat fut signé le 30 décembre 1679. — Quant à la fille de Guilleragues, elle avait rencontré sur le navire qui l'amenait un lieutenant de vaisseau, Villers d'O, qu'elle devait épouser en 1685 ; voir Saint-Simon, Pléiade, t. I, p. 317 et 1053.

4. Nicolas Desmarets, fils de la sœur de Colbert, futur contrôleur général des Finances.

5. *Sic,* dans cette lettre dont l'autographe est conservé. S'agit-il de Maillet, consul de Candie ? Nous ne pouvons l'affirmer.

vous aimer autant qu'elle l'assure de ses respects. J'ai prié par tous les ordinaires MM. de Bonrepaus[1] et de Saint-Amans[2] de m'apprendre tous les détails de tout ce que vous faites. Je vous assure, Monsieur, que personne ne vous sera jamais tout ce que je vous suis. Adieu, Monsieur.

Je crois que vous ne seriez pas mécontent de la vie que je mène. Dieu vous donne toute sorte de prospérités.

Seconde lettre, plus plaisante, mais non moins amère, un peu plus tard :

> Au Palais de France à Péra,
> le 16 de mars 1680.

Monsieur,

Vous aurez appris apparemment avant recevoir cette lettre que le vaisseau du Roi *Le Hardi* sortit avec un vent favorable de ce port le 13 du mois de février à huit heures du matin ; j'ai appris qu'il était arrivé à Smyrne le 21 et, n'y devant demeurer que dix jours, j'attends des nouvelles incessamment de son départ.

Je fais par toutes sortes de voies tout ce qui m'est possible pour avoir une audience sur le Sofa ; j'ai l'honneur d'en rendre compte au Roi.

Si vous pouviez savoir, Monsieur, en quelle sensible peine je suis d'avoir vu arriver deux fois les messagers de Venise, une barque dans ce port, une autre barque, et un vaisseau à Smyrne sans me porter de vos nouvelles, vous auriez sans doute eu la bonté de m'en écrire, ou d'ordonner à quelqu'un de m'en apprendre ; rien au monde assurément ne m'est plus cher ; j'espère au moins que vous

1. Bonrepaus, ami de Racine et de Boileau, déjà rencontré p. 130, était le principal collaborateur de Seignelay pour les affaires de la Marine.
2. Arnaud de Saint-Amans était un officier de marine qui accompagna Duquesne dans sa campagne de 1682 en Méditerranée ; il apparaît dans la correspondance de Mme de Sévigné en 1695.

aurez eu la bonté de faire à M. de Pradines[1] quelque
interrogation sur ce que je fais.

Si j'eusse été à Paris lorsque M. Renaudot est mort,
peut-être le Roi m'eût-il fait la grâce de me donner
quelque pension sur la *Gazette*. Si vous ne surmontez mon
malheur, je n'aurai jamais rien ; ce serait une victoire très
digne de vous, votre souvenir me consolerait de l'oubli de
tout le monde. Il y a quatre mois que je n'ai reçu des
nouvelles de France que du sieur Cotolendi[2] qui m'a
envoyé des manuscrits dans lesquels on assure le public
que je suis parti de Paris, et qu'ensuite je me suis
embarqué à Toulon. J'ai su aussi par cette voie que
Mademoiselle avait épousé le Roi d'Espagne[3], et que le
voyage de Monsieur votre oncle à Munich donnait aux
pénétrants quelque léger soupçon du mariage de Monseigneur le Dauphin ; voilà ce que je sais confusément. En
revanche, je reçois des lettres instructives des consuls de
Céphalonie, de Satalie, d'Alexandrette, du Miglio, de
Tripoli, de Syrie, du Golfe de la Cavalle, de la Morée, des
Cerigues, de Salonique, de Scandarone, de Gallipoli ; et le
patriarche des Syriens a un commerce réglé avec moi,
aussi bien que les maronites. Lorsque les dépêches d'Alep,
du Caire, de Seyde, de Chio et de Smyrne arrivent, où
sont les beaux esprits et les gens de bonne compagnie,
c'est le plaisir. Je sais fort bien aussi les vaudevilles de
Saint-Jean d'Acre, et l'histoire médisante de Nègrepont.
Si j'étais bien assuré que ceux qui ne m'écrivent pas
fussent obligés à lire toutes ces lettres et à y faire réponse,
je leur[4] enverrais de bon cœur. Jamais je n'eusse cru que

---

1. De Pradines était un des officiers du *Hardi*, commandé par La Porte
(voir p. 137), qui avait amené Guilleragues à Constantinople.
2. Cotolendi, écrivain mineur, auteur des *Arliquiniana*, devait collabo-
rer à la *Gazette de France*.
3. Il s'agit de Marie d'Orléans, fille de Philippe d'Orléans et de
Henriette d'Angleterre, qui avait épousé Charles II, roi d'Espagne (1679).
4. « Leur » = « les leur », suivant un usage habituel à l'époque.

le pape m'eût écrit plus souvent que M. de Bonrepaus et
M. de Saint-Amans. Cependant j'ai reçu deux brefs de Sa
Sainteté [1]. Je suis, Monsieur, très peu plaisant sur cette
matière, et sur toute autre. Je vous souhaite toute sorte de
prospérité, et je suis avec beaucoup de respect, et d'attachement pour vous et pour tout ce qui vous est cher,
Monsieur, votre très humble et très obéissant serviteur.

Guilleragues.

Troisième lettre, où les nouvelles du nommé Ignardon ne
semblent qu'un prétexte à des plaintes contre le cruel ennemi
qu'est l'oubli :

Au Palais de France à Péra,
le 23 de mai 1680.

Monsieur,

Je ne dois pas vous fatiguer en même temps de mes
lettres, et de mes plaintes de n'en recevoir aucune de votre
part.

N'ayant pas eu mon audience, je n'ai pu retirer Ignardon [2] ; j'ai obtenu qu'il serait bien traité, et j'eusse pu
obtenir qu'il demeurerait dans les prisons du Grand
Seigneur, mais j'ai mieux aimé le laisser dans la galère,
après une recommandation particulière, et des mesures
prises avec Captan Pacha. Les esclaves qui sont dans le
Bain [3] ne peuvent presque jamais avoir de liberté.

Je ne reçois aucune sorte d'ordre, ni de réponse sur
plusieurs choses que j'ai écrites ; je sais bien qu'elles ne
sont pas les plus importantes de l'État, et qu'il faut éviter
le ridicule des répétitions, et des longues dépêches. J'ai

1. En tout cas au moins un, du 18 octobre 1679, qu'on trouvera dans
notre édition de la *Correspondance,* t. I, p. 81, n. 1.
2. Ignardon était un Français, marchand ou officier de marine, tombé
aux mains des corsaires et vendu comme esclave à Constantinople.
3. Le Bain, ou Bagne, était le lieu où étaient enfermés les esclaves ; son
nom provenait de la destination primitive de l'édifice

l'honneur d'en écrire une au Roi que j'adresse à Monsieur votre oncle. J'y ai mis tout ce que je sais, M. Colbert me l'ayant expressément ordonné, et m'ayant défendu de rien mettre dans les dépêches particulières que j'avais l'honneur de lui écrire.

Il n'y a rien au monde qui puisse m'être plus douloureux que votre oubli, je meurs de peur d'être tombé dans ce malheur que je n'ai pas craint, et que je n'ai pas mérité ; je suis privé de vos ordres, de vos avis, des nouvelles de votre santé et de tous les détails qui vous touchent. En vérité, sans faire l'affectueux, cet état est bien triste pour un homme qui est avec un attachement sensible et respectueux plus que jamais personne ne pût [1] être, Monsieur, votre très humble et très obéissant serviteur.

Guilleragues.

D'autres lettres à Seignelay seront d'un ton plus déchirant encore. Mais on aurait tort de croire que, si les plaintes de Guilleragues sont si pressantes, c'est parce qu'elles s'adressent au protecteur dont il doit tout attendre. La lettre qu'on va lire, à Mme de La Sablière, montre que la hantise de l'abandon est chez lui générale et vient du fond de son être.

C'est du reste ce thème de « l'oubli de tous ses amis » qui avait frappé Mme de Sévigné, lorsqu'elle reçut de sa fille copie de la lettre. Elle lui écrivait le 21 août 1680 :

Je vous remercie de la lettre de Guilleragues ; je trouve qu'elle n'est point bonne pour le public ; il y faut un commentaire, il faut les [sic] garder pour soi et pour ses amis. Il y avait un mois que la princesse de Tarente l'avait ; elle n'y entendait rien. Je le trouve bien humble, pour un Gascon, d'avouer l'oubli de tous ses amis. Il avoue qu'il n'est point vindicatif ; cela m'a paru naturel et plaisant, aussi bien que son avarice, qui lui fait comprendre la bassette de La Fare : tout cela est bon pour soi.

---

1. Le mot est écrit « peust » dans cette lettre olographe. On peu. le lire comme un imparfait du subjonctif (c'est ce que nous avons fait), mais aussi comme un présent de l'indicatif (« peut »).

Le dernier éditeur de Mme de Sévigné (1974), Roger Duchêne, doute que la lettre dont René Pintard nous avait signalé l'existence et que nous avions publiée en 1965 dans la *Revue d'Histoire Littéraire de la France,* p. 594 et suiv., soit celle dont parle Mme de Sévigné. « Loin d'évoquer l'oubli de ses amis, dit-il, Guilleragues y parle longuement des lettres reçues de Paris et ne dit rien ni de son caractère vindicatif ni de son avarice » (t. II, p. 1056, n. 6). Une lecture attentive tant de la lettre de Mme de Sévigné que de celle de Guilleragues confirme au contraire, sans aucun doute possible, que la lettre qu'on va lire est bien celle qui avait passé entre les mains de Mme de Sévigné et de ses amis[1]. Il serait d'ailleurs invraisemblable qu'une autre lettre de Guilleragues répondant à ce que Mme de Sévigné dit de celle-ci fût parvenue jusqu'à elle au même moment.

Une autre appréciation de Roger Duchêne sur la présente lettre mérite discussion, d'autant plus qu'elle repose, indirectement, le problème de la paternité des *Lettres portugaises :* « Son style guindé paraît, dit-il, très éloigné de la souple éloquence des *Portugaises.* » On se demande si le critique a bien saisi en quoi consiste l'humour, ou si l'on préfère le tour spécifique de l'esprit de Guilleragues, à savoir une taquinerie très poussée, allant parfois jusqu'à la satire, enveloppée dans le plus beau style « Louis XIV ». On l'a déjà signalé plusieurs fois à propos des *Lettres portugaises,* p. 47, 102, n. 7 : on peut le faire à propos de

---

1. On observera que Mme de Sévigné ne dit pas, comme le suppose Roger Duchêne, que Guilleragues se dit vindicatif, mais dit au contraire qu'il ne l'est pas : or on lit p. 162 : « Je ne suis point vindicatif. » Elle ne dit pas davantage que Guilleragues avoue son avarice, mais fait seulement allusion au fait que cette « avarice » lui permet de comprendre aussi bien l'amour du gain de La Fare que la parcimonie de Mme de La Sablière. La mention par Mme de Sévigné de « la bassette de La Fare » est éclairée par un passage de la p. 170 où il est question de lui faire des compliments « un jour qu'il n'aura pas perdu son argent ». Quant à « l'oubli des amis », il suffit de lire les passages suivants : « je ne saurais vous écrire sans vous parler de M. de Barillon, qui cependant ne m'a pas écrit un seul mot depuis que je suis à Constantinople » (p. 162) ; « Si j'avais toujours une balance à la main, je pourrais bien ne me souvenir que de peu de gens » (p. 171), sans compter les allusions à ceux qui, comme Marcillac et son frère, n'ont pas répondu à ses lettres (p. 163), et surtout la phrase à laquelle Mme de Sévigné pense sans doute spécialement, et qui est en effet très remarquable : « Je vous supplie, Madame, d'empêcher que mes amis ne m'oublient absolument » (p. 163).

presque toutes les lettres, spécialement celles de Constantinople[1]. En fait, dans tous les textes littéraires ou spontanés que
nous a légués le XVIIe siècle, on n'en trouverait pas un seul qui fût
plus proche que la lettre à Mme de La Sablière des lettres de la
« religieuse portugaise ».

Il n'est pas nécessaire, après ce qui a déjà été dit p. 43,
d'insister sur ce que la lettre à Mme de La Sablière apprend sur la
culture, le goût, l'humour et la sensibilité de Guilleragues.
Signalons seulement son intérêt exceptionnel pour l'histoire
littéraire. Il n'existe sans doute pas une seule lettre du temps qui
apporte tant de renseignements à la fois importants et nouveaux.
Elle constitue, par exemple, un des plus précieux documents
découverts sur Racine ces dernières années. Le salon de Mme de
La Sablière en reçoit un éclairage frappant. C'est dire, comme
Mme de Sévigné l'avait observé, la nécessité du « commentaire »
dont nous avons dû la pourvoir.

Au Palais de France à Péra[2],
le [24] de mai [1680].

Je suis bien surpris, Madame, de l'honneur que vous pré-
parez à mes lettres. *Quae excidunt esse non insulsa suffi-
cit*[3], vous ne deviez pas les rendre publiques, et divulguer

---

1. Voir notamment la lettre reproduite p. 181, ainsi que la n. 2.
2. La lettre, dont nous n'avons qu'une copie contemporaine, figure dans
les « Documents divers recueillis par Jules Desnoyers, 1646-1793 »,
manuscrit conservé à la Bibliothèque nationale, Fr., N.A., 24250, folios 17-
33. L'année 1684, portée après coup et barrée ensuite, est manifestement
fausse : toutes les allusions renvoient à l'année 1680. Le mois de mai
semble exact, et concorde en effet, compte tenu des délais d'acheminement, avec la mention dans la lettre de Mme de Sévigné. En revanche, il
faut sans doute corriger le jour, *14,* en *24* : outre que l'erreur sur les
chiffres 1 et 2 est courante, et spécialement aisée dans l'écriture de
Guilleragues, aucun courrier ne partit de Constantinople le 14, alors qu'il y
a des lettres datées du 23, du 24 et du 26 mai. — Noter qu'après « Péra »,
une main plus tardive a ajouté la mention « faubourg de Constantinople ».
C'est en effet le quartier « franc », où les ambassadeurs avaient leur
résidence.
3. Citation non identifiée ; traduction : « Il suffit que ce qui échappe de
ma plume ne soit pas dépourvu de sel. »

les négligences que la confiance et l'amitié permettent[1] ;
me voilà devenu auteur contre mon intention. Ce n'est pas
que je ne pusse l'être à peu près comme celui qui compose
sans cesse des vers à votre louange[2], et puisque vous faites
passer jusque dans la patrie d'Homère ses ouvrages[3], je
dois être médiocrement flatté d'apprendre que par vos
soins mes lettres sont lues aux Feuillants et aux Incurables[4] ? Ce n'est pas la qualité de grand-mère qui rend ces
vers ridicules : Vénus n'était-elle pas grand-mère[5] ?

1. On ne sache pas qu'aucune lettre de Guilleragues à Mme de La
Sablière ait été publiée avant celle-ci. S'agirait-il de lectures ou de copies
privées, ou d'extraits publiés sous l'anonymat dans le *Mercure* ?

2. La Fontaine, dont le *Discours à Mme de La Sablière*, « Iris, je vous
louerais, il n'est que trop aisé… », date de 1679. Les mots « sans cesse »
indiquent d'autres pièces ; dans une lettre à Bonrepaus du 31 août 1687, La
Fontaine évoque le temps où « l'éloge et les vers » n'étaient pas encore
pour elle « ce que maints sermons sont pour [lui] ».

3. Presque certainement un exemplaire du tome IV des *Fables choisies
mises en vers,* dont l'achevé d'imprimer est du 15 juin 1679, et que Mme de
Sévigné conseille à Bussy de se procurer dans une lettre du 26 juillet de la
même année. Guilleragues, qui avait quitté Paris le 19 juillet, et qui était
absorbé par ses préparatifs, n'avait sans doute pas songé à s'en munir.
Jean-Pierre Collinet, dans une lettre privée qu'il a bien voulu nous
envoyer, propose une autre interprétation : « Ce n'est pas que je ne pusse
être auteur dans une certaine mesure, en tant que celui qui compose sans
cesse des vers à votre louange » ; dans cette hypothèse, « ses ouvrages »
désigneraient les ouvrages d'Homère. Selon Jean-Pierre Collinet, la phrase
« Ce n'est pas la qualité de grand-mère qui rend ces vers ridicules » ferait
allusion à des vers que Guilleragues aurait envoyés antérieurement à Mme
de La Sablière. Cette interprétation ne nous paraît pas à retenir. Outre que
l'emploi de « comme » au sens de « en tant que », serait vieilli et « dur »,
outre que la prolepse de « ses » par rapport à « Homère » ne se justifierait
pas, tout le sel du passage serait perdu. Il réside dans une antithèse : alors
que les ouvrages de La Fontaine sont envoyés dans la patrie d'Homère, les
ouvrages de Guilleragues le seraient dans les lieux déshérités que sont les
hôpitaux réservés aux incurables. On a remarqué aussi le fait que
Guilleragues laisse entendre qu'il pourrait être auteur comme La Fontaine,
s'il voulait déclarer ses œuvres (*Portugaises, Valentins,* etc.), ou en
composer d'autres.

4. On datait jusqu'ici l'installation de Mme de La Sablière auprès des
Incurables (son appartement donnait sur le portail des Feuillants) du milieu
de 1680. Il faut donc avancer un peu cette date ; voir p. 155, n. 3 et
p. 157, n. 3.

5. On trouve, significativement, la même plaisanterie dans *Psyché,* de
La Fontaine ; Vénus y dit : « Je me suis regardée tout ce matin [dans un
miroir], il ne m'a point semblé que j'eusse encore l'air d'une aïeule. »

Je connais bien, Madame, que vous voulez que je vous écrive ce que je vous ai dit sur ce sujet. Je vous assure donc que, *si corpore quaestum fecisses*[1], vous auriez pu et vous pourriez encore faire rebâtir les murailles de Paris, comme Phryné celles de Thèbes[2] ; jamais de semblables discours n'ont offensé les dames les plus sévères. À dire la vérité, si vous vouliez enfermer aussi tous les faubourgs, la dépense serait un peu excessive.

Je suis en disposition de vous ouvrir mon cœur et de vous avouer ingénument un secret important, que je vous ai caché soigneusement, et que je n'ose encore vous déclarer sans une préparation convenable. Vous saurez donc, Madame, que les barques qui partent de Constantinople sont prises quelquefois ; je sens vivement ces malheurs comme bon ambassadeur qui ne peut apprendre sans douleur les pertes des marchands, et j'ai en mon particulier un grand déplaisir de voir tomber les lettres que j'ai écrites entre les mains des corsaires[3] amis de M. de Nantouillet, qui n'a jamais donné à son laquais aucun exemple de désespoir. Je puis ne m'exposer plus à de semblables accidents, mais le remède est si violent que je n'ai osé m'en servir jusques à présent. Cette discrétion vous fera connaître que je ne suis pas devenu tout à fait indigne des louanges dont vous avez bien voulu m'honorer sur un peu de savoir-vivre et même de politesse, si j'ose le dire après vous, Madame, qui pouvez tout autoriser. Il n'y

---

1. « Si vous aviez fait métier de votre corps. » L'expression latine apparaît par exemple chez Cicéron.
2. La célèbre courtisane Phryné avait offert de rebâtir à ses frais la ville de Thèbes, pourvu qu'une inscription rappelât que la ville, détruite par Alexandre, avait été relevée par une courtisane. Malgré un témoignage malveillant de la grande Mademoiselle, Mme de La Sablière, à en juger par les portraits de Mignard et de Beaubrun, semble avoir eu beaucoup de charme.
3. Après ces mots, quelques lettres, peut-être *pasces et,* ont été biffées. Sans doute le copiste n'avait-il pas compris la phrase. Elle n'est pas plus claire pour nous. On sait seulement que la famille de Nantouillet était intéressée dans le commerce de la Méditerranée.

a, je vous l'avoue, rien de plus assuré que la voie de
Venise : on ne perd jamais aucune lettre ; elles sont
toujours fidèlement[1], et trop fidèlement rendues, car le
port est fort cher[1]. Je sais bien que les lettres sont des
entretiens nécessaires ou agréables des amis absents, je ne
puis douter que vous n'ayez la bonté de célébrer la
réception des miennes : mais ai-je dû m'exposer avec une
confiance étourdie à ralentir votre vivacité par la réflexion
douloureuse d'une dépense inopinée, et ma discrétion
n'est-elle pas louable, puisque, pressé de l'envie de vous
écrire, affligé de voir perdre mes lettres, cependant je n'ai
pas voulu, dans ces extrémités, renverser l'ordre économi-
que de votre famille réglée[2], ni devenir la cause que votre
servante Madeleine employât une somme inconnue en vos
comptes ? Aurais-je si tôt oublié que les articles qui
composent votre livre de raison, que j'ai vu cent fois sur
votre table indignement placé avec Horace, n'étaient que
des sols et des deniers toujours utilement employés en
raves, en œufs, en lait et en charbonnées[3] ? ai-je dû croire
que M. Galichet[4] ne combattrait pas vaillamment à votre
porte pour soutenir contre un distributeur de la poste le
refus ordonné d'un paquet de quarante sols de port,
s'exposant à quelque blessure qui pourrait enfin, suivant
sa chimère et la vôtre, le rendre digne d'une place aux

---

1. On a vu que la voie de terre, par Venise, était la plus sûre. Si les
lettres ne sont « que trop fidèlement rendues », c'est-à-dire remises au
destinataire, c'est, bien sûr, parce que le port était payé par le destinataire.

2. La « sagesse » de Mme de La Sablière frappera aussi La Fontaine :

> Si j'étais sage, Iris (mais c'est un privilège
> Que la nature accorde à bien peu d'entre nous),
> Si j'avais un esprit aussi réglé que vous,
> Je suivrais vos leçons...
>
> (Deuxième *Discours à Mme de La Sablière*, 1684.)

3. Les charbonnées sont des grillades.

4. Galichet : ce nom du portier de Mme de La Sablière n'est pas
mentionné dans l'ouvrage de Menjot d'Elbène, *Madame de La Sablière*
(Plon, 1923).

Invalides ? Ce n'est pas sans dessein, Madame, que je vous ai suppliée de m'apprendre si vous étiez devenue riche par l'accommodement de vos affaires avec vos enfants[1] ; mais vous ne m'avez pas éclairci, et rien n'a dû effacer ma première idée de votre décente et philosophique pauvreté. Car enfin vous vous êtes engagée depuis peu au paiement d'un louage[2] assez humble ; les nouvelles qu'on m'a écrites de Paris ne font aucune mention de l'accroissement de votre équipage. M. de La Fontaine, descendu d'un grenier, tombe dans un entresol[3], où il a sans doute soutenu un froid cruel l'hiver passé, n'ayant pas vraisemblablement pris la liberté d'allumer un cotret en son particulier dans la nouvelle maison, comme il ne vous avait pas proposé par discrétion de faire accommoder dans l'ancienne un vieux châssis dénué de tout papier qui donnait un passage très libre au vent et à la neige. Je ne puis m'empêcher de vous dire à ce propos que l'hospitalité est pratiquée chez vous, Madame, comme dans un couvent fameux de caloyers[4] que saint Paul, suivant la tradition, fit bâtir près d'Angora en Galatie. Ils sont obligés de loger et de nourrir tous les passants, de quelque qualité et de quelque religion qu'ils puissent être ; ces bons et charitables moines présentent aux voyageurs fatigués et mourants de faim un peu de lait, un peu d'eau, et un ancien cloître ruiné de tous côtés pour

---

1. À la mort de son mari (dont elle était séparée depuis une dizaine d'années), le 3 mai 1679, Mme de La Sablière eut avec ses enfants des démêlés qui prirent fin par un accord du 22 octobre 1679, selon lequel ses enfants lui versèrent huit mille livres pour son préciput et quatre mille pour son deuil. Ses revenus semblent s'être élevés alors à quatre mille francs par an, ce qui n'est pas considérable.
2. Louage : location.
3. Le « grenier » se trouvait dans la maison habitée par Mme de La Sablière rue Neuve-des-Petits-Champs, l' « entresol » rue Saint-Honoré, dans une maison voisine de celle de Mme de La Sablière. La Fontaine était l'hôte de Mme de La Sablière depuis 1672 ou 1673.
4. Les caloyers sont des moines grecs de la règle de saint Basile. Le saint Paul dont il est question ensuite est saint Paul l'Anachorète, fondateur de la vie monastique en Orient. Angora est la moderne Ankara.

y passer la nuit ; ils tiennent à la vérité table ouverte, mais il n'y a pas un lieu dans tout le vaste couvent qui soit destiné à la cuisine. Revenons à M. de La Fontaine. Il passe sa vie aux Feuillants, aux Incurables, tout environné de religieux, de dévotions, de solitaires ; il n'entrera pas dans de grands détails ni dans des pratiques sur tout cela :

Lambere flamma tactuque innoxia molli[s] comas et circum tempora pasci[1].

Il vous suit partout : je ne veux offenser personne, mais c'est à lui seul que convient la devise du tournesol, *usque sequar*[2]. N'allez pas vous imaginer que je pense que vous soyez vers votre déclin[3] ; et quand même je le penserais, il ne faudrait pas, s'il vous plaît, en être offensée : je vois de ma chambre des couchers de soleil admirables[4]. Vous faites bien d'aimer toujours M. de La Fontaine et M. Bernier ; ils sont faciles, naturels, jamais importuns ; leurs singularités plaisent ; on peut abuser d'eux et de leur mérite ; ils ne sont point scandalisés du mal, ni du bien qu'ils ne veulent point faire[5]. M. de La Fontaine ne quittera jamais un entresol pour habiter un palais, mais

---

1. Guilleragues cite de mémoire un passage de l'*Énéide*, II, v. 682-684 :

> Ecce levis summo de vertice visus Iuli
> Fundere lumen apex tactuque innoxia molles
> Lambere flamma comas et circum tempora pasci

c'est-à-dire : « [Voici que du haut de la tête d'Iule une légère aigrette de feu s'allume dont] la flamme inoffensive lèche mollement sa chevelure et grandit autour de ses tempes. »
2. Traduction : « Je [te] suivrai jusqu'au bout. »
3. Née au plus tard en 1640, Mme de La Sablière avait au moins quarante ans.
4. Située dans la partie occidentale du Palais de France, la chambre en question donnait sur la Corne d'Or.
5. Le mot convient aussi bien à La Fontaine qu'à Bernier, que Bayle appelait un « joli philosophe ». Effectivement, François Bernier (vers 1625-1688) ne fut pas seulement un « grand voyageur », comme le dit plus loin Guilleragues (il visita le Moyen-Orient et alla jusqu'en Inde, où il fut médecin du roi Mogol Aureng-Zeyb), mais écrivit aussi un *Abrégé de la philosophie de Gassendi* (1678).

M. Bernier devrait[1] bien me venir voir si je passe ici quelques années, ce qui n'est pas assuré. Mille lieues ne sont rien à un grand voyageur. Je le recevrais avec toute la joie et tout le plaisir dont je puis être capable en ce pays ; je trouverais le moyen, non pas de l'enrichir, mais de lui procurer quelque utilité modique : cependant, il ne dépenserait rien, et son revenu étant accumulé par la cessation des profusions journalières qu'il fait chez son hôte grimpant[2], il deviendrait riche contre sa propre intention. Je n'ai pas été plus étonné que ces deux philosophes du choix que vous avez fait des Incurables pour votre maison de plaisance[3] : tout est à peu près de même, et il n'y a presque que les usages, les regards et les dispositions diverses qui établissent les grandes différences.

Je sais depuis longtemps que mon maître[4] a eu toute sa vie une intention formelle de se perpétuer. Il n'a pas cherché comme Longin et M. Despréaux le sublime[5]. Dans la Genèse, *crescite et multiplicamini* sont les paroles dont il a paru le plus touché, en cas qu'il l'ait lue, ce qui ne demeure pas sans controverse. Enfin il a réussi ; j'en suis très satisfait et peu surpris, ayant toujours espéré que sa longue persévérance serait couronnée ; mais est-il possible que mon maître, qu'un grand nom, que l'estime et que l'amitié publique n'ont pu enorgueillir, soit devenu

1. Ce mot est écrit « deueroit » ; cf. p. 44-45, p. 102, n. 6, ainsi que p. 189-190, n. 3. De même le copiste, suivant certainement l'original, écrit plus loin « devienderoit », « perdera », « receverez ».
2. Cet « hôte grimpant » doit être La Fontaine. L'expression « hôte grimpant » évoque « animal grimpant » (*Fables,* XII, 4).
3. Mme de La Sablière devait garder pendant quelques années sa maison de la rue Neuve-des-Petits-Champs, où elle retournait de temps en temps.
4. Henri-François de Grailly, duc de Foix ; voir p. 126 et 129, ainsi que les notes qui suivent, notamment p. 160, n. 2.
5. On sait que Boileau avait traduit le *Traité du sublime,* du rhéteur Longin (1674). Cette mention de Boileau entre deux allusions au fait de se perpétuer (la citation de la *Genèse,* IX, 1, qui suit, signifie, on le sait, « croissez et multipliez ! ») est curieuse. Guilleragues songerait-il, par une association d'idées, à l'infirmité de Boileau, qui l'empêchait de se perpétuer ?

superbe comme vous me l'écrivez d'un événement assez trivial partout, et particulièrement dans la ville de Paris?

Ce successeur redonnera un duc de Foix à la cour, aux honnêtes gens, à l'armée[1], aux bonnes compagnies, après avoir donné[2] durant ses premières années un marquis de Beaufremont à d'autres lieux moins honorables à la vérité, mais presque aussi fréquentés par ce jeune seigneur; ainsi personne ne perdra rien. Il faut avouer[3] que, si monsieur le duc veut traiter son fils avec une austérité sévère et paternelle, il se commettra à des réponses peu respectueuses, et nonobstant sa sagesse présente[4], lorsqu'il fera des réprimandes, qu'aura-[t-]il à répliquer si son héritier, suivant ses mauvais exemples, lui reproche l'histoire de Mlle de Boishardi[5], les déguisements de Monplaisir[6], l'inutilité des vaines réprimandes de Mme la comtesse de Fleix[7], les châtiments sans fruit de Mlle de Vieuxpont[8],

1. Selon Saint-Simon (Pléiade, t. IV, p. 736), le duc de Foix était « peu à la cour » et avait « de la valeur dans le peu qu'il avait servi ». De fait, il ne fit qu'une campagne, celle qui vit le siège de Tournai, où il se distingua; voir la *Gazette de France,* Extraordinaire du 29 juin 1667.
2. La construction de la phrase n'est pas régulière; il n'est plus ici question du « successeur », mais du duc de Foix lui-même, au temps où, du vivant de son frère (voir p. 159, n. 1), il n'était que le marquis de Beaufremont, du nom d'une terre sise en Bourgogne.
3. La copie porte « il faut avoir ». La faute s'explique par la similitude de prononciation à l'époque.
4. Voici le portrait que Saint-Simon fait du duc de Foix, né en 1640, au moment de sa mort en 1714 : « C'était un fort petit homme, de fort petite mine, qui, avec de la noblesse dans ses manières, de l'honneur dans sa conduite, [...] et un esprit médiocre, n'avait jamais été de rien, ni figuré nulle part; mais il s'était fait aimer partout par l'agrément et la douceur de sa société. Il ne s'était jamais soucié que de s'amuser et de se divertir. Il avait trouvé la duchesse de Foix de même humeur, et on disait d'eux avec raison qu'ils n'avaient jamais eu que dix-huit ans, et étaient demeurés à cet âge, mais toujours dans la meilleure compagnie » (Pléiade, t. IV, p. 736).
5. Nous n'avons pu éclaircir cette allusion.
6. Les Monplaisir étaient une famille apparentée aux Grailly.
7. Marie-Claire de Beaufremont, comtesse de Fleix, était la mère du duc de Foix. Veuve de bonne heure, elle semble avoir été une femme de sens et d'une grande autorité. Fille du marquis de Sennecey, elle était née en 1618 et mourut le 29 juillet 1680; voir le *Mercure galant* d'août 1680, p. 116-121.
8. Les Vieuxpont étaient aussi alliés aux Grailly. Des Vieuxpont signent au contrat de mariage de notre duc; à sa mort, survenue rue Neuve-des-

son désir public d'avoir des enfants sans être marié, ses
amours éperdues pour des dames qui n'étaient ingrates
que pour lui, le repas qu'il fit chez Dupont le propre jour
qu'il prit pour la première fois sa place de pair au
Parlement[1], sa manière d'y opiner en faveur de son ami au
grand mépris de la justice[2], l'état où il était lorsqu'une
tranche de saucisson illuminée d'une chandelle lui parut le
lever du soleil, ses fréquentes rechutes qui suivaient
toujours immédiatement les bonnes résolutions qu'il avait
prises dans ses maladies[3], et mille autres événements que
le respect dû à des familles illustres m'oblige de taire, mais
que la renommée n'a que trop divulgués, et qui doivent
empêcher monsieur le duc de dire à monsieur son fils :

Disce, puer, virtutem ex me[4].

Je vois tomber sans regret l'espérance de ma pension
mille fois promise et du paiement légitime de quelques
sommes que j'ai eu l'avantage de prêter à mon maître au
refus de messieurs les intendants et de messieurs les
trésoriers de sa maison lorsqu'on représentait les tragédies
admirables de M. Racine moyennant ces petits secours
que je lui fournissais sans attirer sur moi la jalousie ou
l'envie d'aucun de ses autres domestiques. Il plaçait

Petits-Champs, c'est-à-dire près de l'ancien domicile de Mme de La
Sablière, le même duc de Foix légua sa terre et marquisat de Sennecey, en
Bourgogne, au marquis de Vieuxpont.
  1. Après la mort de son frère aîné, Jean-Baptiste Gaston de Randan,
duc de Foix, le 12 décembre 1665, Henri François, devenu duc et pair, fut
reçu au Parlement le 25 février 1666.
  2. Les registres du conseil secret du parlement de Paris qui consignent la
réception et la prestation de serment ne font état d'aucune affaire à laquelle
pourrait se rapporter cette allusion. Au reste, comme ces registres ne
mentionnent que les décisions prises sans rapporter le détail des interven-
tions, il est difficile d'éclaircir par ce moyen ce que fut celle du jeune duc.
  3. Notamment la petite vérole en 1670, dont parle Mme de Sévigné dans
sa lettre au comte de Grignan du 10 décembre 1670 ; le duc avait été
« quelquefois à l'extrémité, quelquefois mieux ».
  4. Virgile, *Énéide*, XII, v. 435 ; Énée adresse ces mots à son fils
Ascagne, voir p. 45, n. 4.

adroitement sur le théâtre une chaise de paille d'où il
pouvait respectueusement adorer quelque dame peu
accoutumée aux attitudes respectueuses, et qui ne voulait
rien comprendre, ni aux remords terribles de Phèdre, ni à
l'amour conjugal d'Andromaque, ni à l'obéissance
dévouée d'Iphigénie, ni à la fidélité trahie de Monime, ni
aux funestes délicatesses d'Atalide ; monsieur le duc
cependant ne manquait pas de se croire mille fois plus
malheureux qu'Oreste et de se comparer dans le fond de
son cœur à tous les amants tragiques et fameux par les
cruautés de leurs princesses [1]. Si nous n'avons qu'une fille [2],
me voilà tombé dans le même inconvénient que la prétendue
grand-mère du pape promis par frère Luce [3], et une partie
de ce long discours sera aussi inutile que les béguins [4].

1. On ignorait tout de ces représentations privées chez le duc de Foix.
On aura reconnu au passage la Monime de *Mithridate* (1673) et l'Atalide de
Bajazet (1672). L'allusion à *Phèdre* ne prouve pas que Guilleragues ait été
témoin de ces représentations en 1677 et au-delà.
2. Il n'y eut ni fille ni garçon. On lit dans le *Mercure* de février 1681,
p. 131 : « La grossesse de Mme la duchesse de Foix avait causé grande joie.
M. le duc de Foix son mari, qui souhaitait fort un fils, la ressentait
vivement. Cependant, s'étant blessée en tombant dans une chaise à
porteurs, elle est accouchée d'un enfant mort. Ce malheur les afflige
d'autant plus, que c'est le seul qu'ils ont eu depuis dix ans qu'ils sont
mariés. » Le duc de Foix mourut sans postérité en 1714.
3. Allusion à un conte de La Fontaine, *L'Ermite* (1669). Frère Luce, par
des voix qu'il fait entendre la nuit, fait croire à une jeune fille et à sa mère
que la première doit offrir sa compagnie au dévot frère Luce, pour qu'un
pape naisse de leur union. Après quelque temps, la jeune fille se trouve
enceinte, et frère Luce la renvoie avec des bénédictions :

> La signora, de retour chez sa mère,
> S'entretenait jour et nuit du Saint Père,
> Préparait tout, lui faisait des béguins :
> Au demeurant prenait tous les matins
> La couple d'œufs, attendait en liesse
> Ce qui viendrait d'une telle grossesse.
> Mais ce qui vint détruisit les châteaux,
> Fit avorter les mitres, les chapeaux,
> Et les grandeurs de toute la famille.
> La signora mit au monde une fille.

Noter que la couple d'œufs est un spécifique pour avoir un garçon.
4. L'allusion aux béguins se trouve déjà dans une lettre de Mme de
Sévigné du 19 novembre 1670, à propos de la naissance de sa petite-fille :

M. Hessein s'est marié dans l'île[1] ; sa femme est bien faite, vertueuse, de bonne famille ; j'en suis très aise. Je vois clairement qu'on peut se pourvoir de tout en l'île, comme à la friperie, où l'on trouve aussi des habits neufs. Monsieur votre frère est agréable, il est réglé ; madame votre belle-sœur aimera sa personne, elle s'accoutumera patiemment à ses vérités amères, et à ses propositions âprement soutenues, quoique insoutenables[2] ; elle aura connu trois jours après ses noces, et peut-être dès la première visite, qu'il faut lui céder dans les disputes, ou mourir pulmonique : la vérité est aimable, rien au monde n'est beau que la vérité, mais quelle vérité qui n'est pas évangélique doit être soutenue au prix d'une fluxion volontaire sur la poitrine ? On lui cédera donc tout dans sa maison, on ne contestera rien, mais cette complaisance aveugle, à laquelle il est peu accoutumé, le mettra au désespoir. Je voudrais qu'il ne fût pas brouillé avec M. de Puymorin[3] qui est sans doute un ami très fidèle, très passionné, très utile et très agréable. Il faut demeurer d'accord, Madame, que les amitiés longuement éprouvées sont des choses essentielles dans la vie ; on est obligé, ce semble, à des apologies lorsqu'on se quitte ; les discours sur sa propre défense trouvent d'ordinaire moins de foi que les fautes qu'ils peuvent rarement justifier ; si on ne se

---

« Nous en sommes un peu honteuses, quand nous songeons que tout l'été nous avons fait *des béguins au Saint Père,* et qu'après de si belles espérances

La signora met au monde une fille. »

1. L'île Saint-Louis. Le contrat est daté du 6 septembre 1680, et le mariage fut célébré quelques jours plus tard. On sait que Mme de La Sablière était née Marguerite Hessein.
2. L'entêtement est un trait caractéristique du frère de Mme de La Sablière, souvent mentionné par Racine et Boileau, notamment une fois à propos de Guilleragues, dans une lettre de Racine à Boileau du 22 mai 1692.
3. Les relations de Guilleragues avec Puymorin étaient connues par la lettre à Racine ; voir ci-après, p. 193 et n. 3.

disculpe pas, le public, avide de spectacles et de juge-
ments, se trouve méprisé, et croit le plus modeste coupable comme celui qui se plaint et qui se déchaîne ; enfin,
quelque parti qu'on prenne, on est toujours embarrassé et
sévèrement condamné [1]. Les grands changements obligent
quelquefois les hommes ou les femmes à se croire insensés
ou à croire qu'ils l'ont été [2] : qui peut savoir si la folie est
présente ou passée ? Je trouve qu'il est fâcheux d'être
obligé, ou à se mépriser soi-même, ou à se haïr. Ce que je
viens de vous dire est peut-être trop creusé, je sens [3]
quelque obscurité, mais je vous écris ce qui me vient dans
la tête en ce moment : quel moyen d'examiner une lettre
comme un ouvrage, et de mettre en usage tous les
préceptes d'Horace et de Quintilien [4] ? Je ne saurais vous
écrire sans vous parler de M. de Barillon [5], qui cependant
ne m'a pas écrit un seul mot depuis que je suis à
Constantinople, quoique je lui aie adressé des lettres par
plusieurs voies. Je ne suis point vindicatif, et je ne laisse
pas de l'aimer et de l'estimer avec des sentiments très
particuliers qui ne finiront point ; gardez-vous bien de

---

1. Ce problème de l'amitié rompue et de l'intérêt qu'y prend le public
sera traité par La Bruyère dans la cinquième édition (1690) des *Caractères*,
« De la société et de la conversation », n° 39.
2. C'est l'alternative que Mariane ne résoudra que dans la dernière de
ses lettres : « je vous ai aimé comme une insensée » (p. 103).
3. Guilleragues avait peut-être écrit « j'y sens ».
4. Joint au fait que Guilleragues dit (p. 172) qu'il ne garde pas de copie
de ses lettres (privées) on a ici une confidence très importante sur la façon
dont il entend l'art épistolaire, qui n'est rien moins en fait qu'un « anti-art
poétique ». C'est une réponse à ceux qui prétendent que s'il avait écrit les
Lettres portugaises, il n'aurait pu s'empêcher d'en « ordonner les contradictions ». Spontanéité et improvisation sont les clés de sa pratique épistolaire.
5. À l'époque où Guilleragues écrit cette lettre, Barillon est ambassadeur à Londres depuis 1677. L'un et l'autre s'étaient rencontrés non
seulement chez Mme de La Sablière (voir Clarac, éd. de La Fontaine,
Œuvres diverses, Pléiade p. XXXVI), mais aussi chez Mme de Richelieu.
Dans ses *Mémoires,* Mme de Caylus fait des deux hommes les « adorateurs
de Mme de Maintenon ».

penser qu'il soit un casuiste relâché sur les grands changements[1]. Vous ne sauriez voir assez souvent Mme de
Coulanges[2]; je vous assure que vous trouverez des
ressources d'esprit, de goût et d'amitié qui ne sont pas
communes; je cultive bien aisément les sentiments d'estime, de tendresse et de reconnaissance que je lui dois. Ce
que vous m'avez mandé des indispositions de M. l'abbé de
Marcillac[3] m'afflige sérieusement; il ne devrait pas souffrir, il n'a jamais fait souffrir personne; je me souviens
avec plaisir de la justice, de la noblesse et de la bonté de
son cœur et de son esprit. Je ne sais si monsieur son frère
et lui ont reçu les lettres que j'eus l'honneur de leur écrire
lorsque j'appris la nouvelle douloureuse de la mort de feu
M. le duc de La Rochefoucauld[4], qu'il ne faudrait jamais
nommer sans lui donner mille louanges singulières et
senties.

Je vous supplie, Madame, d'empêcher que mes amis ne
m'oublient absolument; je vous propose une occupation
bien vive et bien difficile à une philosophe solitaire qui ne
sort guère apparemment que pour changer de retraite;
parlez-leur quelquefois de moi, et soutenez les restes de
leur amitié, qui me sera toujours chère. L'oubli me paraît
une mort[5]. Je n'ai jamais servi mes amis; j'en ai reçu mille
plaisirs; je les conjure de s'en souvenir: ils ont tous fait

---

1. Guilleragues songerait-il aux « grands changements » que Mme de La
Sablière éprouvait de la part de La Fare ?
2. On sait que Mme de Coulanges était la femme du cousin germain de
Mme de Sévigné.
3. Henri Achille de La Rochefoucauld, dit l'abbé de Marcillac, né en
1642, ne devait mourir que le 19 mai 1698. Un peu plus loin, il est question
de son frère, François (VII) de La Rochefoucauld, prince de Marcillac,
grand veneur de France, né en 1634, mort le 12 janvier 1714; il était connu
de Guilleragues depuis longtemps; voir l'éd. Droz (1972) des *Lettres
portugaises,* p. LIV, LVI-LVII, LXVII.
4. Survenue le 17 mars 1680, annoncée dans la *Gazette de France* du 23;
on remarquera la belle formule avec laquelle Guilleragues fait l'éloge de
La Rochefoucauld.
5. Sur cette formule, toujours passée sous silence par les adversaires de
l'attribution des *Portugaises* à Guilleragues, voir p. 48.

des choses pour moi qui paraissent plus difficiles. Je
voudrais les revoir, si Dieu le voulait. Je ne saurais jamais
croire qu'il y ait de la simplicité dans une excessive
reconnaissance.

Je vous entretiendrai peu sur mes occupations et sur la
vie que je mène, de crainte de tomber dans une mélancolie
de laquelle le plaisir de vous parler, ce me semble, me
retire, *reddarque tenebris*[1].

Il faut pourtant vous dire que mon devoir m'occupe, et
qu'aucun homme de méchante compagnie employé en
aucun endroit ne peut être plus appliqué. Je ne saurais
croire qu'un peu de goût pour les belles choses et
beaucoup pour l'amitié puissent rendre un homme absolument incapable de toutes sortes d'affaires sérieuses, surtout dans un lieu où l'on ne peut trouver aucune sorte de
distraction excusable, *ignoscenda quidem*[2]. Les affaires
sont ici plus difficiles et moins importantes qu'ailleurs ;
c'est un grand malheur pour un pauvre ambassadeur bien
zélé pour le service de son maître, bien convaincu de sa

---

1. Ces deux mots ouvrent une perspective remarquable sur la personnalité de Guilleragues. Ils viennent du sixième livre de l'*Énéide*. Dans sa visite
aux Enfers, après un entretien avec Déiphobe, Énée est averti par la
Sibylle d'avoir à poursuivre sa route ; Déiphobe, s'arrachant à lui, dit à la
Sibylle :

> Ne saevi, magna sacerdos :
> Discedam, explebo numerum reddarque tenebris.
> (V. 544-545.)

Traduction : « [Ne te fâche pas, grande prêtresse ; je m'éloigne, je rejoins
la foule des Ombres,] et je vais me rendre aux ténèbres. »

2. Nouvelle citation remarquable par la richesse de son arrière-plan
moral. Elle vient du quatrième livre des *Géorgiques* :

> Cum subita incautum dementia cepit amantem,
> Ignoscenda quidem, scirent si ignoscere Manes.
> (V. 488-489.)

Le passage se place au moment où Orphée, suivi d'Eurydice qui lui a été
rendue, remonte des Enfers vers la lumière ; traduction « [quand un
égarement soudain s'empara de l'imprudent amant, égarement] bien
pardonnable, [si les Mânes savaient pardonner.] »

grandeur, pénétré de ses bontés, mais très médiocrement habile.

La maison où je loge est commode et agréable[1] ; je ne sais si je vous l'ai mandé. Le bois est cher comme à Paris, le vin du pays est détestable, le gibier sans goût, les charbonnées sont à bon marché. On ne peut rien traiter avec un Turc sans lui faire quelque présent, et il résulte de tout ce détail dont je vous rends compte que les bouchers ne sont pas si avides à Constantinople que les gens élevés à quelque dignité.

Passons à des choses plus importantes. Le Roi a eu la bonté de témoigner que Sa Majesté n'était pas absolument mal satisfaite de ma conduite ; j'ai été transporté de le lire moi-même[2]. M. le marquis de Seignelay me fait connaître essentiellement qu'il est sensible à l'amitié sincère et respectueuse que j'ai toujours eue pour lui. Ceux qui m'aiment lui ont de grandes obligations ; sa famille me traite comme si je la sollicitais tous les jours sans l'importuner. Mlle de Lestrange a la bonté de m'écrire souvent des nouvelles et d'exciter mes amis de la cour à nommer mon nom s'ils en trouvent l'occasion[3] ; elle se souvient bien de moi mille fois plus que je ne mérite. La famille de M. le duc de Noailles est occupée de tous mes intérêts d'une manière exemplaire qui me confond et qui rend leur amitié bien estimable[4]. Mme de Thianges me donne souvent de nouveaux sujets d'une reconnaissance très

---

1. On trouvera une description du Palais de France à l'époque — car il a depuis subi des transformations importantes, quoique toujours situé au même lieu — ci-dessous, p. 172.
2. Cette approbation figure dans une dépêche du 22 mars 1680, parvenue à Constantinople le 24 mai.
3. Il est plusieurs fois question de Mlle de Lestrange dans les lettres de Mme de Sévigné. À sa mort (décembre 1694), Mme de Coulanges dit qu'elle est son amie « depuis vingt-cinq ans ».
4. Anne, duc de Noailles, était mort en 1678. C'était dès lors son fils, Anne-Jules de Noailles, maréchal de France en 1677, gouverneur de Roussillon depuis le 1er février 1678, qui portait le titre.

sensible et très respectueuse. Mme de Maintenon et Mme de Richelieu m'ont écrit. Je reçois des lettres admirables de Mme de Coulanges[1]. Mme la maréchale de Schomberg a témoigné depuis peu une grande vivacité dans une affaire qui me regardait[2]. Mme de Villars me donne, à Madrid[3], des marques de la continuation de l'honneur de son ancienne bonté pour moi. Mme de Saint-Géran se souvient de moi comme si elle me voyait tous les soirs chez elle[4]. M. de Bonrepaus[5] que vous voyez, que vous estimez sans doute, et qui me parle de vous dans ses lettres, M. de Puymorin, que vous ne voyez plus, quoiqu'il soit bon à voir[6], M. Delagny, que vous devriez connaître[7], me rendent mille et mille services que je n'oublierai jamais. Je

---

1. On ne les trouve pas dans les recueils de correspondance de Mme de Coulanges.
2. Nous ne savons pas ce qu'était cette affaire. Mme de Schomberg, femme du maréchal de Schomberg, qui avait commandé les volontaires français servant au Portugal dans la guerre de libération de ce pays, avait été une des « précieuses » de Mme de Rambouillet et une amie de Mme de Sablé.
3. La marquise de Villars, mère du futur maréchal, avait suivi son mari, nommé ambassadeur à Madrid, en octobre 1679. Le 8 novembre 1679, Mme de Sévigné annonce à Mme de Grignan que, dans une lettre à Mme de Coulanges, Mme de Villars fait ses compliments « à toutes nous autres vieilles amies. Mme de Schomberg, Mlle de Lestrange, Mme de La Fayette ».
4. Mme de Saint-Géran : Françoise de Warignies, née en 1655, nièce de la marquise de Villars, amie de Mme de Sévigné et de Mme de Maintenon, dont Saint-Simon disait, en parlant de Saint-Géran : « Sa femme, charmante d'esprit et de corps, l'avait été pour d'autres que pour lui ; leur union était moindre que médiocre. M. de Seignelay, entre autres, l'avait fort aimée. Elle avait toujours été recherchée dans ce qui l'était le plus à la cour, et dame du palais de la Reine, recherchée elle-même dans tout ce qu'elle avait, et mangeait avec un goût exquis et la délicatesse et la propreté la plus poussée. [...] Sa viduité ne l'affligea pas. Elle ne sortait point de la cour et n'avait pas d'autre demeure. C'était en tout une femme d'excellente compagnie et extrêmement aimable, et qui fourmillait d'amis et d'amies » (Pléiade, t. I, p. 281).
5. Sur François d'Usson, marquis de Bonrepaus, commissaire général de la Marine depuis 1676, voir p. 130 et p. 146, n. 1.
6. Voir la lettre à Racine du 9 juin 1684, p. 193, dans laquelle Guilleragues commente la mort de Puymorin.
7. Sur Delagny, voir ci-dessus, p. 133, n. 2.

vois souvent un jésuite ami du P. Bouhours[1], qui s'appelle le P. Besnier[2] ; il m'aime beaucoup ; c'est toujours la première qualité à notre égard ; il a beaucoup de diversité dans l'esprit, et une grande étendue de connaissances. M. de Dangeau paraît pour moi dans toutes les occasions un ami fidèle et infatigable[3]. Je vous fatiguerais si j'étendais ce discours en énumération, qui a, je le connais le premier, un air de litanie par le récit de tous les témoignages d'amitié que je reçois de tous mes amis et de toutes mes amies. Je pense à être un peu homme de bien ; j'ai le temps de faire des réflexions sérieusement utiles ; je lis des choses admirables ; je suis assuré de ne rien faire d'indigne de la Nation[4] ; j'ai rendu des services à la Religion avec quelque succès ; les marchands me croient un grand personnage ; les ambassadeurs ont de rudes tentations de croire que le Roi a envoyé ici la fleur du royaume de France. Constantin même n'avait pas de si grandes consolations à Constantinople[5] ; peut-être aussi n'en avait-il pas tant de besoin.

Adieu, Madame ; voici une lettre bien longue ; il me semble que j'ai tout traité ; n'en craignez plus de semblables ; il me semble aussi que j'y ai inséré un préservatif qui empêchera qu'elle ne soit publique[6] : je ne puis craindre que vous vouliez que tout le monde lise dans le *Mercure galant* l'endroit peu héroïque où je fais mention de votre

1. On lira p. 198, le témoignage que le P. Bouhours laissa sur l'ambassade de Guilleragues.
2. Effectivement, Bouhours parle du P. Besnier dans ses *Pensées ingénieuses des Anciens et des Modernes* (1691) ; voir à son sujet p. 137.
3. Les relations du marquis de Dangeau (1638-1720), lui aussi favori de Louis XIV, et de Guilleragues n'étaient connues que par une mention du *Journal* de Dangeau rapportant la mort du « pauvre Guilleragues » à Constantinople, en 1685.
4. La « Nation de France » est l'ensemble des ressortissants et protégés français dans l'Empire ottoman.
5. Constantin le Grand, qui transporta le siège de son empire de Rome à Byzance, dont il fit Constantinople.
6. Effectivement elle ne le fut pas ; on n'en trouve aucun extrait dans le *Mercure galant*.

parcimonie. Adieu, Madame [1], il est temps de finir, il faut vous laisser :

> *Ecce iterum condit natantia lumina somnus,*
> *Invalidasque manus tendens, heu! non tuus, ambas* [2].

Ce dernier vers est assez passionné, comme vous voyez ; il est bien meilleur dans Virgile, où l'on ne peut rien changer sans tout gâter. Je relus ces jours passés pour centième fois [*sic*] le quatrième des *Géorgiques*. Je n'ai jamais trouvé la fable d'Orphée et d'Eurydice si belle ; relisez-la pour l'amour de moi. Je me souviens que MM. Racine et Despréaux voulaient donner ce sujet pour un opéra [3]. Tout ce qui est dans les *Satires* et dans les

---

1. C'est le second « Adieu, Madame. ». Plus loin, on aura « Bonsoir, Madame », et la lettre continuera. Ces fausses sorties ont été remarquées dans les *Portugaises*, p. 88, n. 7.
2. Guilleragues utilise librement, cette fois en respectant le mètre dactylique, le passage suivant du « quatrième » (livre) des *Géorgiques*, v. 495-498 :

> ... En iterum crudelia retro
> Fata vocant, conditque natantia lumina somnus ;
> Jamque vale : feror ingenti circumdata nocte,
> Invalidasque tibi tendens, heu! non tua, palmas.

Chez Virgile, c'est Eurydice qui parle, quand par la faute d'Orphée elle ne peut le suivre : « Voici que pour la seconde fois les destins cruels me rappellent en arrière, et que mes yeux se ferment, noyés dans le sommeil. Et maintenant, adieu! je suis emportée dans la nuit immense qui m'entoure, et je tends vers toi des mains sans force, moi qui déjà ne suis plus à toi. » Les deux vers tels que Guilleragues les a refaits signifient pour leur part : « Voici que de nouveau le sommeil submerge mes yeux noyés, et que je te tends des mains sans force, moi qui, hélas, ne suis plus à toi. » Selon certains éditeurs, la voix et la personne d'Eurydice s'évanouissent dans les ténèbres.
3. Ce passage apporte une précieuse confirmation à un témoignage de l'auteur dramatique Lagrange-Chancel. Selon ce dernier, en 1671, le Roi, voulant utiliser un très beau décor représentant les enfers conservé dans les garde-meubles, invita Racine, Quinault, Molière et Corneille à présenter des projets de pièces à machine qui auraient permis son utilisation. Racine [et Boileau?] auraient proposé le sujet d'Orphée, Quinault celui de l'enlèvement de Proserpine, Molière et Corneille celui de Psyché, qui fut préféré.

Épîtres de M. Despréaux n'est pas si satirique, ce me semble, que la seule pensée de charger Vigarani[1] de représenter Protée presque au même moment comme une flamme [et] comme une tigresse :

> *Fiet enim subito sus horridus atraque tigris,*
> *Squamosusque draco et fulva cervice leaena,*
> *Aut acrem flammae sonitum dabit atque ita vinclis*
> *Excidet aut in aquas tenues dilapsus abibit[2].*

Je crois que Molière a pris de cet endroit le sujet du *Médecin par force* :

> *Nam sine vi non ulla dabit praecepta, neque illum*
> *Orando flectes vim duram[3].*

Il pourrait bien aussi s'être servi d'une petite histoire semblable qui est dans le voyage d'Oléarius en Perse et en Moscovie[4].

M. le duc de Caderousse[5], qui prétendait avec raison que je faisais souvent des digressions et des parenthèses, serait bien confirmé dans son opinion s'il voyait jamais cette lettre.

1. Vigarani était le fameux décorateur et metteur en scène de l'Opéra.
2. *Géorgiques*, IV, v. 407-410 ; traduction : « Il se fera soudain sanglier hérissé, tigre affreux, dragon écailleux et lionne à crinière fauve ; ou bien il fera entendre le pétillement vif de la flamme, et ainsi échappera des liens, ou disparaîtra en se transformant en minces filets d'eau. »
3. Encore une citation des *Géorgiques*, IV, v. 398-400 ; avec la ponctuation adoptée par Guilleragues, il faut comprendre : « Car si tu n'emploies pas la violence, il ne t'apprendra rien, et ce n'est pas par des prières que tu fléchiras son obstination. »
4. Le passage des *Voyages faits en Moscovie, Tartarie et Perse, par le sieur Adam Olearius* (traduit de l'allemand par Abraham de Wicquefort, 1ʳᵉ éd., Paris, Clouzier, 1656) que Guilleragues propose comme source du *Médecin malgré lui* (1666) raconte l'aventure de Boris « Gudenou » (le Boris Godounov de l'opéra de Moussorgski). Pour se venger de son mari, la femme d'un boyard déclare au grand-duc, malade de la goutte, que son mari a un secret contre cette maladie, mais qu'il ne le livrera que par force.
5. Sur les relations de Guilleragues avec Caderousse, prétendant malheureux à la main de la fille de Mme de Sévigné, voir l'édition Droz (1972) des *Lettres portugaises,* p. LVII et LXVII.

Trouvez bon, s'il vous plaît, Madame, que j'assure M. le duc de Lesdiguières de mes respects[1]. Ce que j'écris des faits et gestes de mon maître peut sans doute passer pour un compliment. Je vous supplie d'en faire beaucoup de ma part à M. de La Fare un jour qu'il n'aura pas perdu son argent[2], et à M. de Briole[3] qui estimera peut-être qu'un ambassadeur devrait dispenser plus de politique dans ses lettres. Mais assurez-le, s'il vous plaît, que nous savons plus d'un style, que nous mettons dans les occurrences de grands raisonnements en chiffre aussi impénétrable que le sont peut-être quelquefois ses raisonnements même, et que nous lisons ies traités, Machiavel même, les dépêches du cardinal d'Ossat[4] et plusieurs autres. Si par hasard vous voyez M. d'Adhémar[5], je vous prie de lui dire que lorsque j'ai lu dans la *Gazette* qu'il était à la cour de monseigneur le dauphin, j'ai aussitôt justement pensé aux décadences des empires, et qu'en son particulier il m'a paru comme Hannibal chez le roi de Bithynie[6], ou, pour mieux

1. François de Créqui, duc de Lesdiguières, neveu du cardinal de Retz, maréchal de camp en 1674, mort le 3 mai 1681.
2. Guilleragues ne semble donc pas être au courant de la consommation de la rupture entre Mme de La Sablière et La Fare (1644-1712), brillant officier, poète ami du libertin Chaulieu, et auteur de *Mémoires sur Louis XIV*. Mme de Sévigné l'annonce dans une lettre du 8 novembre 1679 à Mme de Grignan. Elle en rend responsable la bassette : « La bassette a fait voir qu'il ne cherchait chez Mme de La Sablière que la bonne compagnie. »
3. Le comte de Briole (appelé aussi de Briolle ou de Briord) était un diplomate, ami de Mme de Sévigné.
4. Voyez p. 139, n. 1.
5. Il s'agit de Joseph Adhémar de Grignan, frère du gendre de Mme de Sévigné, qui prit le nom de chevalier de Grignan après la mort de Charles de Grignan (1672). La *Gazette de France* du 24 février 1680 avait annoncé sa nomination comme gentilhomme d'honneur du dauphin Louis, en même temps que celle de Dangeau.
6. Guilleragues semble faire allusion à la médiocre réputation du dauphin. Adhémar, ancien guerrier, comme Hannibal, devient courtisan auprès d'un prince qui passe pour l'être fort peu, comme le Prusias de *Nicomède* (1651). La satire ne manque pas d'audace, comme on le voit. La comparaison qui suit ramène Guilleragues à la réalité qui l'entoure ; elle s'établit entre l'illustre famille des Paléologues, à laquelle appartenaient les

comparer, comme un homme descendu des Paléologues qui loge dans une méchante maison près de chez moi, que je ne puis jamais faire couvrir ni asseoir, et qu'enfin je fis ces jours passés dîner chez moi à ma table avec toutes les peines du monde. Il est vrai que son respect fut fort famélique, et qu'il dévora une heure de suite sans dire un mot.

Je ne voudrais pas que M. l'abbé de Montmoreau[1] crût que je l'aie oublié. Si j'avais toujours une balance à la main, je pourrais bien ne me souvenir que de peu de gens, mais mon souvenir ni mon oubli ne peuvent être une récompense ni une punition ; j'agis naturellement, et je puis bien aimer en Turquie ceux qui se soucient peu de moi à Paris. Il faut remplir ce petit reste de tant de papier et ne nous séparer pas sans dire un mot de l'opéra. On m'écrit que M. Lulli en fait tous les ans d'admirables[2]. Vous êtes bien heureuse de les entendre. Bonsoir, Madame. Vous recevrez cette lettre par la voie de Venise, si on veut la recevoir à votre porte. En cas que le port soit payé sans murmure, je vous aurai une sensible obligation. Je vous conjure d'être bien persuadée que je serai toute ma vie avec beaucoup de respect votre très humble et très obéissant serviteur.

Peut-être vous ai-je déjà mandé quelque chose que je vous écris une seconde fois. Cela se peut, car vraisembla-

---

derniers empereurs de Constantinople, et la triste situation des descendants de ses membres qui n'avaient pas pu passer en Occident après la prise de la ville par les Turcs en 1453.

1. L'abbé de Montmoreau est moins connu que les personnages précédents. Un article du *Mercure* de mai 1682, p. 338, annonce que l'abbaye de Monlieu, vacante par la mort de l'évêque de Clermont, vient de lui être donnée, et ajoute : « C'est un homme de qualité, de beaucoup d'esprit et de bon sens, qui par une alliance avec la maison de Roche-chouart, en a pris les armes. » Le même *Mercure* de septembre 1682, vol. I, p. 24-25, fait part de la mort de Montmoreau.

2. Effectivement, chaque année, depuis 1674, voyait représenter un nouvel opéra de Lulli : *Alceste* en 1674, *Thésée* en 1675, *Atys* en 1676, *Isis* en 1677, *Psyché* en 1678, *Bellérophon* en 1679, et *Proserpine* en 1680.

blement je ne garde pas des copies de mes lettres. J'ai de
grands maux de rate et souvent des battements de cœur. Je
ne mange pas à la table d'un ambassadeur la moitié de ce
que je mangerais à la vôtre : *nitimur in vetitum*[1]. Cela est
vrai presque en tout, faites-y réflexion. Ma lettre est trop
longue[2], mal écrite ; j'ai trop parlé de moi : faute très
ordinaire à tous les Gascons et inséparable de l'humanité ;
tout le monde veut faire son histoire[3].

On peut compléter les renseignements que donne cette lettre
sur la vie de l'ambassadeur à Constantinople par quelques autres
indications.

Le « Palais de France » était situé dans le faubourg de Péra, un
peu en dehors de la ville — à l'emplacement qu'il occupe toujours —, sur les pentes qui dominent le quartier chrétien de
Galata. Du lieu choisi en 1581 par Germigny, ambassadeur de
France, pour y établir sa résidence, la vue portait à l'occident sur
la Corne d'Or, au loin sur le bras de mer, « ses pointes, ses caps et
ses îles », plus près sur l'entrée du Bosphore et du port, avec le
Grand Sérail du sultan et la multitude de minarets et de dômes de
Sainte-Sophie et des autres mosquées. La demeure de l'ambassadeur, assez médiocre à l'origine, avait été somptueusement
réaménagée par Nointel en 1676. Une inscription latine à
l'honneur de Louis XIV dominait le portail. Le jardin, avec ses
arbres et ses fontaines, descendait en pente douce vers la mer. Le
palais avait la forme d'une croix aux branches épaisses. Entre
l'appartement d'hiver, exposé au midi, et l'appartement d'été,
trois grandes salles, dont une était ornée d'une bacchanale peinte
et d'un tableau représentant une chasse au lion. La salle
d'audience était toute tapissée de miroirs, comme devait l'être la
galerie de Versailles. Le palais comportait même une salle de
spectacle, aménagée par Nointel, avec des coulisses et une scène
parfaitement équipée.

1. Citation d'Ovide, *Amours,* III, 4, v. 17 : *Nitimur in vetitum, semper
cupimusque negata,* « Nous aspirons toujours à ce qui est défendu, [et nous
désirons ce qui nous est refusé.] »
2. Même crainte dans les *Portugaises,* lettre IV, p. 97.
3. Ce dernier alinéa a sans doute été ajouté en *post-scriptum,* dans la
marge, comme Guilleragues le fait souvent.

Dans ce cadre qui invitait au luxe, Guilleragues, malgré son goût connu pour la dépense, semble avoir vécu simplement : Mme de Guilleragues veillait à l'avenir de sa fille. Le résident de Hollande, Colyer, qui n'aimait pas son collègue français, parle de son « application à l'épargne si publique, que rien n'est capable de la cacher ». Les fêtes furent effectivement assez modestes, et les représentations théâtrales, s'il y en eut, restèrent discrètes. Pourtant la table de l'ambassadeur et surtout sa cave étaient célèbres : les vins de Bordeaux amenés avec lui en faisaient le fond.

Mais le témoignage le plus intéressant que nous ayons sur les goûts de Guilleragues concerne la musique. Il est apporté par Perrault, dans son *Parallèle des Anciens et des Modernes*. Discutant de la musique ancienne et moderne, un des interlocuteurs observe que la musique monodique qui était celle des Anciens est encore seule connue de « toute la terre, à la réserve d'une partie de l'Europe », et « qu'à Constantinople même ils ne connaissent point la musique à plusieurs parties » ; à l'appui de sa thèse, il allègue le témoignage de Pétis de La Croix, « interprète du Roi en langue arabe » :

Il vous dira que s'étant trouvé à Constantinople lorsque notre ami M. de Guilleragues y était en ambassade, il fut pleinement convaincu, non sans étonnement, de ce que je viens de vous dire. M. de Guilleragues avait des laquais et des valets de chambre qui jouaient très bien du violon, et qui composaient une bande complète. Lorsqu'ils jouaient quelques-unes de ces belles ouvertures d'opéra qui nous ont charmés tant de fois, les Turcs ne pouvaient les souffrir, traitant de charivari le mélange des parties auquel ils ne sont pas accoutumés. C'est dommage, disaient-ils, que ces gens-là ne savent point la musique, car ils ont la main bonne, et tirent bien le son de leurs instruments [1].

Le goût des lettres est inséparable du goût de la musique Envoyant à Guilleragues un exemplaire de l'édition de ses *Œuvres* de 1682, Boileau y fait allusion en des termes flatteurs :

---

1. Édition de 1690, t. IV, p. 266-267.

[Mon édition] sait [...] qu'aucun ouvrage d'esprit ne saurait paraître [à Constantinople] que par l'impression de votre lumière. Elle sait, dis-je, que les belles-lettres y ont été portées avec vous comme un Phénix qui y renaît tous les jours de sa propre cendre.

Antoine Galland est un témoin plus précieux encore, car il est le seul des familiers du Palais de France à avoir laissé quelques souvenirs de la vie intellectuelle qu'on y menait. On a déjà vu, p. 43, l'éloge qu'il faisait du goût et de la générosité de Guilleragues qui l'avait chargé d'enseigner le grec moderne à sa fille, « fort belle personne et qui a infiniment d'esprit ». Comme on sait qu'en tout elle ressemblait à son père, au dire des contemporains, on ne s'étonne pas qu'il lui parle en ces termes, dans la dédicace du conte *Gris-de-Lin* du romancier Préchac qu'il avait traduit en grec moderne pour lui apprendre cette langue :

Je ne dirai point que vous êtes une des plus belles femmes du monde, dont les charmes et la beauté émerveillent les regards. Mais je veux affirmer qu'en ce qui concerne l'esprit, le Ciel vous a accordé plus qu'aux autres femmes. Je n'en connais pas de plus savante, et qui comprenne les choses les plus difficiles avec tant d'aisance. Vous apprenez tout ce que vous désirez apprendre ; et, sachant beaucoup plus de choses que les autres dames de votre rang, vous n'en tirez aucune vanité. Tout le monde le reconnaît, en avouant qu'avec un tel savoir on n'a jamais vu une telle modestie[1].

À Constantinople comme à Paris, pourtant, Guilleragues s'attache avant tout aux devoirs de sa charge. Les dépêches qu'il envoie, tant à ses deux ministres de tutelle, Affaires étrangères et Marine, à Paris, qu'aux autres ambassadeurs de l'Europe orientale et aux consuls, témoignent de cette application, même dans les affaires secondaires, à plus forte raison dans les circonstances où de grands intérêts sont en jeu.

Celle qui l'occupa le plus ne touchait qu'au protocole, mais il est vrai que les questions de protocole avaient encore plus d'importance à l'époque en Orient que dans les cours occiden-

---

1. Traduction française d'un projet de dédicace en grec moderne figurant au verso d'une lettre de Galland datée du 23 octobre 1682.

tales. Il s'agissait du « sofa » : pour défendre les intérêts du « commerce » et de la « Religion », l'ambassadeur avait besoin d'une audience du grand vizir. Mais en même temps, des instructions formelles lui enjoignaient de ne l'accepter qu'avec les honneurs accordés aux ambassadeurs antérieurs à Nointel, à savoir un siège à la hauteur de celui du vizir, sur l'estrade appelée sofa. Or la personnalité du vizir, Kara Mustafa, personnage à la fois brutal et hésitant, rendait la négociation très difficile. Elle était pourtant en assez bonne voie quand survint l'affaire de Chio. Au printemps de 1681, une escadre commandée par Duquesne tint la mer pour chasser les pirates, tripolitains surtout, qui incommodaient le commerce français du Levant. Au mois de juillet, cinq ou six navires tripolitains que pourchassait Duquesne se réfugièrent dans le port de Chio. Refusant de les livrer, le gouverneur fit mettre des canons en batterie pour les protéger. Sous le feu de la place, Duquesne coula ou mit hors de combat les vaisseaux adverses, non sans faire des victimes et, chose plus grave, sans endommager des mosquées.

La colère fut grande à la Porte. Tandis que des galères étaient dépêchées à Chio sous les ordres du capitan pacha, l'ambassadeur de France fut mandé au palais. Là, on le menaça de l'envoyer à la prison des Sept-Tours s'il n'acceptait pas de dédommager, au nom de son maître, des dégâts causés. Comme il s'y refusait, on le garda à vue pendant quatre jours avec sa suite. Finalement, à la sollicitation des marchands, qui redoutaient la ruine du commerce si Duquesne vengeait l'affront subi, un accommodement fut trouvé. Guilleragues acceptait de faire, en son nom personnel, un présent au Grand Seigneur, au vizir et à sa suite pour un montant de deux cent cinquante mille livres, le quart de la somme réclamée d'abord. Il fallut malheureusement, pour réunir cette somme avant qu'elle fût fournie par le commerce de Marseille, recourir à des emprunts qui obérèrent pour longtemps la situation financière de la « Nation ».

Aux yeux de l'histoire, Guilleragues s'était tiré avec honneur d'une situation difficile. À Constantinople, « tous les grands du pays et de la cour » prirent sa défense « avec chaleur », tant il avait réussi à se gagner les sympathies. Le commerce ne subit aucune avanie. L'honneur du Roi était sauf. Loin de secourir les corsaires tripolitains, le capitan pacha ne joua qu'un rôle de médiateur, et ils durent signer le 25 octobre 1681 un traité de paix très favorable, s'il n'avait pas été violé, comme d'habitude, dans les suites.

Pour qui veut pénétrer l'âme de l'auteur des *Lettres portugaises,* ses attitudes lors du déroulement de l'affaire de Chio, telles que les montre sa correspondance, sont révélatrices.

Alors qu'il sait seulement que Duquesne croise dans la Méditerranée orientale, il donne des nouvelles à Seignelay sur un ton plus désabusé que jamais :

À Péra, le 26 de mai 1681.

Je crains, Monsieur, que vous ne soyez bien fatigué de recevoir tant de lettres. J'y ajoute ce billet pour avoir l'honneur de vous dire que l'ambassadeur de Raguse qui doit partir d'ici en peu de temps vient me voir souvent, ce qui ne mérite pas d'être su de vous ; il se confie beaucoup en moi ; ni ceci encore. Je lui ai dit qu'il ferait bien de faciliter l'embarquement de trois ou quatre cents espèces de bandits et paysans des montagnes, et de les mener en France. Il a servi quelque temps, et il prétend avoir des blessures et du courage. Je ne puis traiter cette affaire avec lui, je lui ai dit de s'adresser à M. de Varangeville[1], car il ne peut s'adresser qu'à lui. Je voudrais que ces gens dont j'ai vu quelques-uns, qui sont des messagers très bien faits, puissent être mis *bonnes voiles*[2] aux galères. L'ambassadeur aurait l'ambition de faire un traité avec le roi, et de commander ces gens. Il fera ses propositions, vous donnerez à M. de Varangeville, Monsieur, les ordres que vous jugerez à propos si cet homme s'adresse à lui. Voilà une troisième chose peut-être que vous vous fussiez fort bien

1. Varangeville était ambassadeur à Venise.
2. Lire « bonnes voglies », comme dans un *Mémoire sur les galères du Grand Seigneur* envoyé par Guilleragues à Paris à la même époque. Le mot « *bonavoglia* » désigne en italien un volontaire. Il s'agit des rameurs servant contre une paie dans les galères.

passé de savoir : Joseph Marquis[1] eut hier audience du kyaïa[2] du vizir en présence du chancelier et il assura que la Sicile attendait les Turcs fort amoureusement, autre chose indifférente à Votre Excellence. Dieu veuille que celle-ci ne vous le soit pas : Je suis, avec beaucoup de respect, Monsieur, votre très humble et obéissant serviteur.

Guilleragues.

Mais dès qu'il apprend que Duquesne est dans l'Archipel, il oublie son découragement et l'incite à agir vigoureusement, malgré les risques que cette attitude lui fait courir, et qui l'obligent à tenter, en vain, de renvoyer sa famille en France. Puis c'est l'éclat de Chio. Le même jour il écrit au Roi dans les termes les plus dignes :

Au Palais de France à Péra,
le 8 août 1681.

Sire,

On ne m'a pas mandé d'aller à l'audience particulière du vizir, quoiqu'on eût dit aux drogmans que j'y serais appelé. J'ai su que tous les bâtiments, et même ceux du pays, étaient arrêtés aux Dardanelles, que les messagers ne passaient plus, que des courriers avaient été dépêchés à toutes les Échelles pour défendre aux consuls et aux marchands d'en sortir, que les commandants de tous les châteaux de la marine avaient reçu des ordres pour se mettre en état de défense et qu'on avait tenu deux conseils dans lesquels le Moufti et tous les grands officiers de la Porte avaient été appelés. Il y eut des avis pour m'arrêter, il y en eut aussi pour prendre les mesures possibles afin d'attaquer le sieur Duquesne avec les galères, quelques

---

1. Joseph Marquis était un des membres du parti messinois qui était prêt à tout pour secouer la domination espagnole ; on se souvient qu'en 1675 Duquesne et le duc de Vivonne avaient battu en vue du port une flotte espagnole qui faisait le siège de la ville.
2. Le kyaïa est un lieutenant du vizir.

vaisseaux barbaresques et deux gros navires hollandais y embarquant des janissaires ; quelques officiers opinèrent plus rigoureusement contre moi, mais quand même je saurais que leur opinion devrait être suivie, je n'en écrirais pas la teneur, ni les termes à Votre Majesté, craignant que son extrême bonté l'engageât à quelque sorte d'inquiétude qu'Elle ne doit jamais avoir pour un sujet qui est obligé aux plus grands sacrifices, et qui les trouvera toujours au-dessous de son zèle, et de sa fidélité.

Il semble qu'on médite de grandes vengeances ; cependant je fais représenter que par les termes des Capitulations[1] les corsaires sont abandonnés à la punition que Votre Majesté en voudra faire ; mais je ne suis pas assez indigne de l'emploi dont Elle m'a honoré pour désavouer une action que le sieur Duquesne a faite par un ordre exprès de Votre Majesté. J'ai fait dire seulement que les coups qui ont touché des mosquées étaient des coups échappés, et que si on eût eu intention de les détruire, ou de ruiner le château, le désordre aurait été beaucoup plus grand. J'ai reçu une lettre du sieur Duquesne datée cinq jours avant qu'il ait attaqué les Tripolins ; il n'a pas trouvé une voie assurée pour me faire tenir une dépêche dont il me mande que Votre Majesté m'a honoré, et je ne sais si les miennes sont venues jusques à lui ; il n'y a pas d'apparence que les officiers turcs de Smyrne veuillent souffrir que le consul aille à son bord, s'imaginant que Votre Majesté veut déclarer la guerre, quoique j'assure qu'Elle n'a aucune autre intention que de punir les Tripolins, et de continuer son alliance avec la Porte.

Il serait à souhaiter que les vaisseaux qui sont, à ce qu'on m'a dit, à Tripoli, fussent en ces mers pour faire voir de plus grandes forces pour détourner la Porte des

---

1. Le terme Capitulations désigne, sans aucune idée péjorative d'abandon de souveraineté, le traité par « chapitres » conclu entre François Ier et Soliman le Magnifique (1535).

desseins violents dont elle menace et pour ajouter quelque chose, s'il est possible, à la terreur incroyable que six frégates ont causée dans l'Empire ottoman, dont le premier ministre craint les entreprises à un tel excès qu'il a envoyé à ce qu'on m'assure des ordres pressants aux galères de rentrer dans le Canal.

Nonobstant toutes ces démarches plus faibles que terribles, j'espère que les affaires s'accommoderont avantageusement. J'aurai l'honneur d'écrire à Votre Majesté des nouvelles plus positives, et je suis avec un zèle inviolable, Sire, de Votre Majesté, le très humble, très obéissant et très fidèle serviteur et sujet.

Guilleragues.

Le même jour aussi, il écrit à Seignelay une lettre accompagnant la précédente, dont l'humour marque cette fois plus d'optimisme que d'amertume :

À Péra, le 8 d'août 1681.

Je n'ai rien à ajouter, Monsieur, à la lettre que je vous adresse. Je fais ce qui m'est possible pour faire tenir des avis et des lettres à M. Duquesne, je crois qu'il sera en peu de jours à Ténédo [1].

J'espère que je sortirai d'une assez grande affaire un peu mieux qu'Arlequin ne sort d'intrigue [2]. Jamais une semblable chose n'est arrivée, et jamais aussi on n'a vu un si grand mouvement, tant de désordre, et tant d'ordres donnés. C'est quelque chose que de *ludere in verbis* ayant tous les avis fulminants que je reçois à tous les moments : « Monsieur, c'est une bagatelle, on veut vous pendre. »

---

1. L'île de Ténédos se trouve au large de la côte de Troie.
2. Il est difficile d'éclairer cette allusion à quelque pièce de l'ancien Théâtre Italien, antérieur à 1679, dont le répertoire n'a pas été publié. Plus loin, il est également malaisé d'identifier la citation *ludere in verbis*, qui signifie « faire des mots d'esprit ».

Enfin, Monsieur, je me conduirai le mieux que je pourrai, un autre serait aussi embarrassé. J'espère qu'on m'enverra appeler pour être écouté, et je ferai une belle pièce d'éloquence devant le vizir. Les plaisanteries et le plaisant seraient froids, si cela tournait autrement. Mais à parler plus sérieusement, peut-être serai-je assez heureux pour faire connaître la grandeur terrible du Roi, et il n'y a que l'idée que j'en ai donnée jusques à présent qui ait tout sauvé de la première fureur qu'excita la nouvelle surprenante du désordre de Chio.

Je suis avec mon respect ordinaire votre très humble et très obéissant serviteur.

Guilleragues.

Si je réussis, j'obtiendrai que les ııpolins ne pourront demeurer que trois ou quatre jours dans les ports turcs, et qu'ils n'y seront pas reçus s'ils ont des prises.

Les lettres particulières écrites à Seignelay lors du départ des courriers suivants sont dans le même ton ironique et détaché ; voici le billet joint à la dernière minute aux lettres de service du 27 août 1681 :

Au Palais de France,
le 28 août 1681.

Voici votre président, ambassadeur, colonel suisse [1] et vicomte en état d'être un grand homme, et peut-être puis-je viser au martyre. Je ne voudrais pas que l'affaire finît par quelques coups de bâton comme *Le Médecin par force* [2] le désirait en cas pareil. Je crois que les Sept-Tours

---

1. Nous ne pouvons éclairer cette allusion.
2. *Le Médecin par force* est le nom de l'ancienne farce dont Molière s'est inspiré pour écrire son *Médecin malgré lui,* qui fut aussi désigné par ce titre. À la fin de la pièce (III, sc. 10), Sganarelle, menacé de prison, s'écrie : « Hélas ! Cela ne se peut-il point changer en quelques coups de bâton ? »

seraient plus honorables, mais j'aimerais bien mieux être dans les tours du château de Seignelay sous la garde de M. Le Motteux [1].

J'ai cru, Monsieur, que pour vous épargner plusieurs répétitions, il était à propos de vous envoyer une partie des lettres que j'ai écrites à M. Duquesne, sans que je puisse savoir si elles lui ont été rendues. Il y a plus de trois semaines que je n'ai eu de ses nouvelles, ni du consul de Smyrne, et il est très possible que ses lettres et peut-être les miennes aient été retenues, ce qui me donne une extrême inquiétude à laquelle je ne puis mettre aucun ordre. J'ose vous dire, Monsieur, en mon particulier, que si vous obteniez de Sa Majesté qu'Elle fît armer au plus tôt quelques vaisseaux et qu'elle envoyât des vivres et de l'argent pour en acheter dans les îles, la grandeur du Roi serait connue pour toujours et avec des conséquences qui mettraient le commerce en sûreté, et qui attireraient aux Français une considération fort supérieure aux autres nations, et qui nous mettrait en état de ruiner le[ur] trafic.

Guilleragues.

Le suivant est plus « satirique [2] » encore :

Au Palais de France à Péra,
le 12 de septembre 1681.

J'ai l'honneur de rendre compte au Roi de tout ce que je sais dans les deux dépêches que j'envoie par cette barque, et vous trouverez dans le paquet une lettre particulière pour vous, Monsieur. Je n'ai rien à ajouter, et je vous écris celle-ci pour avoir le plaisir de vous écrire à mon ordinaire deux lettres par chaque commodité. Il faut avouer que

---

1. Le Motteux était un capitaine de vaisseau ; le château de Seignelay existe toujours dans l'Yonne.
2. On a rencontré le mot « satirique » dans la lettre à Mme de La Sablière, p. 169.

c'est un grand avantage que d'avoir fréquenté M. de Cavoye[1] : qu'aurait-il pu faire de plus signalé que de sourire avec un petit air malicieux, méprisant et moqueur lorsqu'on parle de sang et de carnage ? Cependant moi, simple président, j'ai eu cet air devant des témoins ottomans irréprochables, et très surpris. C'est une belle chose que la valeur, la fermeté et la prudence, lorsqu'on les sait bien marier ensemble. Si le mélange réussit, je voudrais bien qu'il en pût naître un peu d'honneur et de pain, ou bien de miche tout premièrement, et ensuite d'approbation. Je crois avoir des raisons d'être persuadé que tout ira bien, et que vous aurez la bonté de dire *sumus contenti,* comme les bacheliers crient à la fin des actes[2]. Les mosquées et le sang musulman nous font un peu de peine, et on peut dire de M. Duquesne, *Cruda deo viridisque senectus*[3], mais comme disent les philosophes, le vin est tiré, il faut le boire. J'ai fait de grands raisonnements dans les dépêches que j'adresse à Monsieur votre oncle, et à vous, Monsieur. Je mande à M. Duquesne de vous envoyer toutes mes lettres, et je ne vous fatiguerai pas par des répétitions. J'assure toute votre maison de mes respects, et il n'y a personne au monde qui puisse jamais

1. Louis d'Ogier, marquis de Cavoye, « le plus grand favori de Seignelay », selon saint Simon (Pléiade, t. I, p. 266), s'était signalé en Hollande par une action d'éclat contre un brûlot anglais. Son intrépidité dans les campagnes de 1667 et 1668 l'avait fait surnommer « le brave Cavoye ».
2. « Nous sommes contents. » À la fin des actes, tous les bacheliers pouvaient poser des questions au candidat, et marquaient ainsi leur satisfaction de ses réponses.
3. Cette citation est tirée d'un vers de l'*Énéide,* VI, v. 304, dans un passage où Virgile décrit Charon, nocher des Enfers, qui « pousse la gaffe et manœuvre les voiles » de sa barque. C'est peut-être cette analogie nautique qui, outre son âge (il avait soixante et onze ans), amène cette réminiscence à propos de Duquesne. — On traduit comme suit le passage de Virgile : « très vieux déjà, mais de la solide et verte vieillesse d'un dieu » (André Bellessort, éd. Budé). Mais on peut se demander s'il ne faut pas comprendre ici, en faisant de « *deo* » un datif : « vieillesse sans ménagement pour un dieu (Allah), et verte ».

vous être, Monsieur, tout ce que je vous suis au milieu de mes travaux ; je voudrais que Madame la marquise fût en travail d'enfant[1].

Je donne des passeports fort souvent à des saïques[2], cela est ridicule, mais il faut attendre les événements avant de se réjouir, car comme vous dites fort bien dans le conseil : rira bien qui rira le dernier.

Comme la précédente, cette lettre révèle un aspect inattendu de la personnalité de Guilleragues. Homme de cour, « simple président », plus doué pour « l'amoureux métier » que pour celui des armes, il se hausse, pour la gloire de son maître, au niveau d'un héros tragique[3]. Pas tout à fait pourtant : les réalités matérielles, le souci du commerce auquel il doit veiller, l'emportent sur de plus nobles soins. Un accommodement est trouvé à prix d'argent, qui ne fera que compliquer les difficultés financières de l'ambassade. Guilleragues retombe dans la médiocrité quotidienne. Au lieu de s'offrir au sacrifice suprême, il doit réclamer le remboursement des sommes consacrées à la recherche de renseignements ou au rachat des peccadilles reprochées aux marchands ou aux religieux. De nouveau son ennemi redevient l'oubli dans lequel il croit être tombé. Une lettre à Seignelay de mai 1683 traduit cette double inquiétude :

1. De sa première femme, Marie-Marguerite d'Alègre, morte en 1678, Seignelay n'avait eu qu'une fille, morte en bas âge en 1680. Sa seconde femme, Catherine-Thérèse de Matignon, qu'il avait épousée le 6 septembre 1679 (voir p. 145, n. 1), lui donna cinq fils, dont le premier fut Marie Jean-Baptiste Colbert, marquis de Seignelay de Lonré, qui naquit effectivement en 1683.
2. Les patrons des saïques, bâtiments de charge, demandent des sauf-conduits à l'ambassadeur pour éviter d'être arrêtés par les navires de Duquesne.
3. Ce point a été développé par Jacques Rougeot, qui trace un parallèle entre cette attitude de Guilleragues et celle de Mariane dans les *Lettres portugaises ;* voir « Un roman épistolaire vécu par l'auteur des *Lettres portugaises* », dans les *Cahiers de l'Association internationale des Études françaises,* mai 1977, p. 159-171.

À Péra, le 17ᵉ de mai 1683.

Trouvez bon, s'il vous plaît, Monsieur, que je vous représente mes besoins dans cette lettre que je finirai dans l'étendue d'une page pour ne vous importuner qu'aussi peu qu'il me sera possible.

Je crains, Monsieur, que si vous ne prévenez M. le marquis de Croissy pour l'ambassade de Venise à laquelle on nommera dans un an et demi, ou pour celle de Portugal avant que M. d'Oppède n'en doive revenir[1], ou pour celle de Turin dont l'ambassadeur sert depuis plus de quatre ans, je demeurerai sans emploi. Je vous assure, Monsieur, que la cherté horrible de toutes choses ne m'a guère permis que de faire payer une médiocre partie de mes dettes, de subsister honnêtement, et de me meubler très simplement. Les commandements de vin que je n'ai pas eus[2] à cause des affaires que nous avons eues me coûtent plus de quatre mille piastres les deux dernières années, et cinq cents pour la demi-année courante. Je n'ai point fait de dépense inutile. J'enverrai par les deux barques qui partiront dans huit ou dix jours un placet au Roi, et un duplicata pour supplier Sa Majesté d'ordonner que je sois remboursé des dépenses que j'ai faites pour le service. Enfin, Monsieur (car la page va finir), je n'ai pas de quoi subsister sans emploi. J'aimerais mieux celui de Rochefort[3] que tout autre, si je n'en ai pas (comme je n'y vois aucune sorte d'apparence) qui me donne les moyens d'être à la cour, et d'avoir le plaisir d'être près de vous à toutes

---

1. On se demande si Louis XIV aurait nommé l'auteur des *Lettres portugaises* comme ambassadeur à Lisbonne en remplacement de Jean-Baptiste, marquis d'Oppède, qui y exerça cette fonction du 15 avril 1681 au 15 novembre 1683.
2. Ces commandements permettaient à Guilleragues d'importer du vin de ses domaines sans payer de taxe ; il en revendait sans doute une bonne partie.
3. L'intendance de la Marine à Rochefort, emploi qui dépendait de Seignelay et qu'il avait postulé dans une lettre précédente.

les heures du jour. Il n'y a rien au monde que je désire si ardemment lorsque je ne pense qu'à moi ; mais, Monsieur, lorsque je ne pense qu'à vous seul, ce qui arrive beaucoup plus souvent, je me consolerais de toutes les extrémités où me pourraient réduire mes affaires, si vous aviez des enfants, et si vous étiez ministre d'État. Sur ma conscience et sur mon honneur, j'y pense presque incessamment avec une inquiétude qui m'afflige profondément, sans exagération, et avec une tendresse respectueuse dont je doute qu'il y ait aucun exemple : je vous conjure avec des larmes de le croire, car il n'y a rien de plus sincère.

La dernière lettre privée de Guilleragues à Seignelay qui nous soit parvenue fait, après la parenthèse des lettres héroï-comiques du temps de la crise de Chio, comme une cinquième et dernière *Portugaise*. La peur de l'oubli et de l'abandon est devenue si aiguë qu'elle se transforme presque en une prière d'être une bonne fois abandonné et oublié pour que cesse l'insupportable appréhension de l'être un jour, en punition de quelque fatale culpabilité :

À Péra, le 14 de juin 1683.

Je vous ai supplié, Monsieur, par les lettres que j'ai eu l'honneur de vous écrire le 17 avril et le 29 de mai d'avoir la bonté de prendre quelques mesures sur ce qui regarde les emplois dont je ne puis me passer. Je vous ai même accablé de plusieurs détails ; il ne serait pas juste de vous en parler sans cesse, la connaissance de vos bontés me suffit, et je ne saurais, ce me semble, avoir une confiance excessive ; je ne puis cependant m'empêcher de vous redire toujours que je serais bienheureux si j'étais en état de passer ce que Dieu voudra me laisser de vie près de vous.

Il y a très longtemps que je n'ai eu aucune sorte de nouvelle, et j'ignore tout ce que j'aimerais mieux savoir. Je suis tourmenté d'une inquiétude perpétuelle sur ce qui vous regarde, et sur tout ce qui vous est le plus cher ; les

messagers de Venise qu'on attend il y a plus de deux mois
n'arrivent point, et la misère du commerce depuis l'éloignement de la Porte[1], joint à la rupture des Tripolins,
empêchera apparemment que les bâtiments de Marseille
ne viennent ici de quelque temps. Vous connaissez l'ardeur de mes souhaits pour votre bonheur, Monsieur : je
suis au désespoir de leur inutilité, je vous porte malheur,
et si j'en étais entièrement persuadé je vous supplierais du
meilleur de mon cœur de m'oublier, et de m'abandonner,
quoique je sois avec un attachement plein de tendresse et
de respect, Monsieur, votre très humble et très obéissant
serviteur, plus que personne au monde.

Guilleragues.

Que Guilleragues n'ait plus écrit à Seignelay de lettre « particulière » ou qu'un simple hasard nous prive de celles qu'il aurait
encore écrites, c'est ailleurs qu'il nous faut chercher des traces de
ce que furent ses sentiments à l'époque où une santé de plus en
plus altérée lui faisait craindre de finir ses jours à Constantinople.

On en a peut-être une idée dans ses rapports avec le pape
Innocent XI. On sait que le pape, homme intègre et de caractère,
s'opposait sur plusieurs plans à Louis XIV. Il n'en est que plus
notable de voir Guilleragues se faire auprès de lui un mérite tout
particulier des services qu'il pouvait rendre à la religion. En mars
1683, le vicaire apostolique, Gasparo Gasparini, accusé — non
sans fondement — d'avoir joué double jeu en dénonçant à
l'archevêque de Tarente un Grec chargé par le vizir de ramener
d'Italie la sœur de son trésorier, un renégat italien, avait manqué
d'être envoyé aux galères. À prix d'or, l'ambassadeur put lui
épargner la prison et racheter la lettre compromettante du vicaire
apostolique à l'archevêque de Tarente. Le pape l'en avait
remercié par une lettre en latin dans laquelle il disait que l'action
de Guilleragues l'avait « confirmé dans l'opinion qu'il avait

---

1. Le vizir et la cour avaient quitté Constantinople pour participer à la
campagne qui vit le siège de Vienne et se termina par la défaite des Turcs
devant les Impériaux puissamment aidés par Jean Sobieski, roi de Pologne
(1683). À la suite de cette défaite, le sultan fit étrangler le vizir Kara
Mustafa.

depuis longtemps de sa piété et de son dévouement au siège apostolique ». Un an plus tard, Guilleragues écrivait de nouveau au pape pour lui suggérer de remplacer Gasparini par un autre nonce lorsque lui-même quitterait le pays. Au-delà des formules diplomatiques, il semble qu'on décèle dans la lettre un ton, sinon de piété [1], du moins de confiance respectueuse et filiale :

Au Palais de France à Péra,
le 4 de mai 1684.

Très Saint Père,

Je supplie très humblement Votre Sainteté de me permettre d'avoir l'honneur de lui représenter que M. Gasparini n'a pu gagner l'amitié de quelques représentants [2] et des particuliers qui poursuivaient leurs prétentions illégitimes sur les droits de l'Église ; il lui eût été fort aisé de se faire aimer s'il eût été relâché dans ses mœurs, et s'il eût abandonné son devoir, dont l'exacte pratique est d'ordinaire odieuse et insupportable pour ceux qui méritent des réprimandes, et qui ne trouvent leurs intérêts que dans la tolérance indigne d'un prélat qui est attentif à l'exécution fidèle des commandements de Votre Sainteté ; cette funeste expérience n'est que trop commune, et il n'est que trop vrai que la vertu est souvent persécutée, et que les actions religieuses et canoniques attirent des ennemis irréconciliables.

Je ne croirai jamais, Très Saint Père, qu'il soit à propos de retirer d'ici M. Gasparini pour préparer une satisfaction

---

1. Les documents sur ce point sont naturellement très rares. Citons le passage suivant d'une lettre à Seignelay du 29 mai 1683 : « J'attends toujours des nouvelles de la grossesse de Madame la marquise. Je fis bien jeûner et bien tourmenter les religieux de ce pays les fêtes de Noël ; je retirai deux pauvres du plus pitoyable état qui ait jamais été, et enfin si cela a réussi me voilà plus livré que jamais à la bonne opinion dont vous m'accusez de ma haute piété, et ce sera bien pis que la persuasion du *pater* et du *miserere* » Sur cette « persuasion » (ou « interprétation ») du *pater* et du *miserere*, voir p. 193 et n. 4.

2. Le baille (c'est-à-dire l'ambassadeur) de Venise, Donat, son drogman, et le drogman de l'Empereur, que Guilleragues accuse presque ouvertement dans la lettre au pape du 24 mars 1683 d'avoir livré le vicaire apostolique aux Turcs.

extrême et un indigne triomphe aux catholiques scandaleux de ce pays, aussi détestables que les plus obstinés
schismatiques ; mais si le Roi Très Chrétien me rappelle
près de sa personne en un an ou quinze mois, comme il y a
de l'apparence, je crains que le zèle de notre prélat n'étant
plus vivement soutenu par la puissance séculière, il
demeurerait exposé à la persécution, et ses bonnes inten-
tions seraient infructueuses ; et j'ose insinuer à Votre
Sainteté avec un profond respect que, pour l'honneur de
la justice et pour l'humiliation de ceux qui ont cherché
les moyens d'attenter à l'autorité et même à la vie de
M. Gasparini, il serait avantageux aux bons religieux et au
peu de bons catholiques qui sont en ce pays, qu'il reçût
une récompense dont il pourrait jouir en Italie après mon
départ de ce pays, dont je le ferais sortir en même temps
que moi ; il est très important que celui qui sera son
successeur soit excité par cet exemple à suivre ses traces,
et qu'il soit persuadé que durant son séjour à Galata, il est
in via, et non pas *in patria* [1] ; s'il pense y finir sa vie, il
s'accommodera aux détestables maximes des habitants, il
n'osera les avertir, et il tolérera leurs coutumes directement contraires aux canons. Les bontés paternelles dont
Votre Sainteté a daigné me combler, et les témoignages
glorieux de l'approbation qu'Elle a donnée à mon obéissance pour ses commandements saints et respectables [2],
m'ont donné la hardiesse de Lui écrire, et me font espérer
son aveu. Je Lui demande pardon d'un zèle qui Lui
paraîtra peut-être indiscret : il est assurément sincère,
comme la profonde soumission avec laquelle je serai
jusqu'au dernier soupir de ma vie, Très Saint Père, de
Votre Sainteté, très humble et très obéissant fils et serviteur.

Guilleragues.

1. « En chemin » et non pas « dans sa patrie ».
2. « Respectables », et non « respectueux », comme le porte à tort
l'édition de la *Correspondance*, t. II, p. 950.

Dans une perspective chrétienne, le « chemin » transitoire de la vie terrestre s'oppose au séjour dans le « royaume du Père ». Dans sa lettre au pape, Guilleragues donnait à l'opposition une signification différente en assimilant le « chemin » à un séjour en terre étrangère et en donnant au mot « patrie » son sens courant. Dans la lettre à Racine, la dernière lettre de caractère privé que nous ayons de lui, il va reprendre implicitement la même opposition en la transposant sur un plan esthétique. L'occasion lui en est fournie par l'éloge qu'il va faire de la tragédie racinienne en réponse à une lettre reçue de Racine aujourd'hui disparue.

Cette lettre, dont on possède maintenant l'original, avait été publiée de façon très incomplète en 1747 par Louis Racine, fils de l'écrivain, puis en 1807 par Germain Garnier, qui se vantait de donner pour la première fois les lettres de Racine sous leur forme authentique. En fait, celle-ci ne nous était livrée qu'avec des « corrections » qui en masquaient le caractère d'improvisation confiante, habituel chez Guilleragues dans ses lettres privées. On va pouvoir en juger d'après quelques variantes choisies signalées en note, qui représentent une première rédaction biffée immédiatement :

Au Palais de France à Péra,
le 9 de juin 1684.

J'ai été sensiblement attendri[1] et flatté, Monsieur, de la lettre que vous m'avez fait l'honneur et le plaisir de m'écrire. Vos œuvres plusieurs fois relues ont justifié mon ancienne admiration. Éloigné de vous, Monsieur, et des représentations qui peuvent imposer[2], dégoûté de ces pays fameux, vos tragédies m'ont paru plus belles que jamais, et plus durables. La vraisemblance[3] y est merveilleuse-

---

1. Guilleragues avait commencé à écrire « f[latté] », sur lequel il a porté le mot « attendri » ; il est curieux de voir que le sentiment l'a ainsi emporté sur la formule de politesse.
2. Par cette phrase, Guilleragues répond à ceux qui, comme Saint-Évremond ou Mme de Sévigné, laissaient entendre que les pièces de Racine avaient « besoin de grands comédiens, qui remplissent par l'action [c'est-à-dire le jeu du théâtre] ce qui [leur] manque » (Saint-Évremond).
3. Curieusement, le mot est écrit « vuraysamblance » par Guilleragues. La présence de l'*u* dans la première syllabe semble correspondre à une

ment observée, avec une profonde pénétration du cœur humain suivant les différents et malheureux états des passions. Vous avez suivi, soutenu et presque toujours enrichi les grandes idées que les Anciens ont données, sans s'attacher scrupuleusement à la topographie ni à l'arithmétique[1]. Leurs héros ont fait des actions admirables ; ils ont donné des batailles sanglantes par mer et par terre : leurs sujets étaient des Sennevilles, ou si vous voulez des premiers présidents[2]. Dieu me préserve de traiter la respectable Antiquité comme Saint-Amant a traité Rome, avec un déchaînement sale et punissable[3]. Vous savez cent fois mieux que moi tout ce qu'ont écrit les poètes et les historiens, plus abandonnés à leurs charmantes imaginations qu'exacts observateurs de la vérité, qui vous fournit une matière abondante, mais qui, pouvant aussi vous accabler et paraître peu croyable à la postérité, me laisse à douter si vous et M. Despréaux, historiens du plus grand Roi du monde[4], êtes ou plus heureux, ou plus malheureux que les Anciens.

Le Scamandre et le Simoïs sont à sec dix mois de

---

prononciation comparable à celle que traduit la graphie « je deuerois » signalée p. 44-45 et rencontrée p. 102, n. 6, ainsi que p. 157, n. 1.

1. Ici encore, Guilleragues répond implicitement à ceux qui, comme Saint-Évremond à propos d'*Alexandre* (« Au lieu de nous transporter aux Indes, on nous amène [Porus] en France »), reprochaient à Racine son infidélité à l'histoire et à la vérité des mœurs.

2. Senneville n'est pas connu ; pour la signification peu héroïque du terme « premier président », cf. p. 180.

3. Guilleragues songe par exemple à un passage de *La Rome ridicule* (1643) relatif au Tibre : « Je veux que la postérité / Sache les grâces que j'en conte : / Bain de crapauds, ruisseau bourbeux, / Torrent fait de pissat de bœufs, / Canal fluide en pourriture, / Dégobillis de quelque mont, / Pus d'un poulain de la Nature, / C'est bien à vous d'avoir un pont... »

4. Quoique décidée sans doute dès 1676, la nomination de Racine et Boileau comme historiographes ne fut officielle qu'à l'automne de 1677, quand Racine eut décidé d'abandonner la tragédie après l'affaire de *Phèdre*. Guilleragues avait pu être au courant des premiers travaux des deux amis avant de quitter la France.

l'année, leur lit n'est qu'un fossé ; Cidaris et Barbisès[1] portent très peu d'eau dans le port de Constantinople ; l'Èbre[2] est une rivière du quatrième ordre. Les vingt-et-deux rois de l'Anatolie, le royaume de Pont, la Nicomédie donnée aux Romains, l'Ithaque, présentement l'île de Céphalonie, la Macédoine, le terroir de Larisse et celui d'Athènes ne peuvent jamais avoir fourni la quinzième partie des hommes dont les historiens font mention. Il est impossible que tous ces pays, cultivés avec tous les soins imaginables, aient été fort peuplés. Le terrain est presque partout pierreux, aride et sans rivières. On y voit des montagnes et des côtes pelées, plus anciennes assurément que les plus anciens écrivains. Le port d'Aulide, absolument gâté, peut avoir été très bon, mais il n'a jamais pu contenir un nombre approchant de deux mille vaisseaux ni de barques[3]. Le Sdile, ou Délos, est un misérable rocher ; Cérigue[4], et Paphos, qui est dans l'île de Chypre, sont des lieux affreux ; Cérigue est une petite île des Vénitiens, la plus désagréable et la plus infertile qui soit au monde ; tous les trésors et tous les soins du monde ne peuvent la rendre agréable ; il n'y a jamais eu d'air si corrompu que celui de Paphos, absolument inhabité ; Naxie ne vaut guère mieux. Les divinités ont été mal placées, il en faut demeurer d'accord. Je croirais volontiers que les historiens ont cru

---

1. Cydaris et Barbisès (on dit aussi Cycus et Barbyssus) sont les noms anciens de deux rivières de Thrace.

2. Ce mot, écrit « Lebre » sur l'original, représente l'Hebrus, rivière de Thrace, qui se jette dans la Méditerranée près de l'ancienne Trajanopolis, en face de l'île de Samothrace.

3. Comparer ce passage de l'*Itinéraire de Paris à Jérusalem* (1811), de Chateaubriand, paru quatre ans après la publication de la lettre à Racine par Germain Garnier (1807). Il est question du Pirée, qui, selon Strabon, pouvait contenir quatre cents vaisseaux, et selon Pline mille : « Une cinquantaine de nos barques le rempliraient tout entier ; je ne sais si deux frégates y seraient à l'aise, surtout à présent que l'on mouille sur une grande longueur de câble » (Pléiade, p. 883).

4. Cérigo ou Cérigue est le nom moderne de l'île et de la ville de Cythère.

qu'il était plus beau de faire combattre trois cent mille hommes que vingt mille, et vingt rois que vingt seigneurs particuliers. Les poètes avaient des maîtresses dans les lieux où ils ont fait demeurer Vénus, mais en vérité la beauté toujours surprenante de leurs ouvrages excuse tout. Linières[1] et mille autres ne pourraient pas aussi impunément consacrer Senlis, la rue de la Huchette, la rue du Fouin, ou du Fouarre, quand même ils y seraient amoureux. Dans le fond, les grands auteurs, par la seule beauté de leurs ouvrages, ont pu donner des charmes éternels, et même l'être aux royaumes, la réputation aux nations, le nombre aux petites armées, la force aux simples murailles[2]. Ils ont laissé de grands exemples de courage, de prévoyance, de libéralité, de clémence et de style, fournissant leur postérité de tous ses besoins ; si elle n'en a pas toujours su profiter, ce n'est pas leur faute. Il n'importe guère de quel pays soient les héros[3], et il n'importe guère aussi, ce me semble, si les historiens et les grands poètes sont nés à Padoue, en Espagne, à Rome, à

---

1. Dans ce qui suit, Guilleragues semble bien songer au vers 89 de l'Épître VII de Boileau dans lequel celui-ci évoque Linières, « de Senlis le poète idiot ». Né à Paris en 1626, Linières avait une maison de campagne près de Senlis et était même nommé « l'athée de Senlis » en raison de son inspiration « libertine ». Mais ici se pose un petit problème d'histoire littéraire. Le vers en question n'est en effet apparu que dans l'édition dite « favorite » des *Œuvres* de Boileau de 1701 (éd. Collinet, Poésie/Gallimard, p. 327). On peut donc supposer avec quelque vraisemblance que Guilleragues avait eu connaissance de cette version composée dès 1677, non retenue dans l'édition de 1682, mais communiquée par Boileau à quelques intimes.

2. Comparer encore cette réflexion de Chateaubriand dans l'*Itinéraire* à propos du port de Phalère, qui ne peut contenir qu' « une cinquantaine de bateaux » : « Ce ne sont pas toujours de grands vaisseaux et de grands ports qui donnent l'immortalité : Homère et Racine ne laisseront point mourir le nom d'une petite anse et d'une petite barque » (Pléiade, p. 880). Le rapprochement de Racine et d'Homère confirme que l'auteur se souvient de la lettre de Guilleragues à Racine.

3. Rien n'empêche de faire de ce mot le point départ d'une réflexion sur le caractère universel (ou en tout cas français) des sentiments exprimés par la « Portugaise ».

Mantoue, à Vénosa, à Athènes, à Smyrne[1], au cloître du Palais, ou à La Ferté-Milon[2]. Je vous assurerai, Monsieur, avant finir cet article, qu'il y a deux mille évêchés en Grèce nommés dans l'histoire ecclésiastique qui ne peuvent avoir eu douze paroisses chacun.

J'ai appris avec un sensible déplaisir la mort de M. de Puymorin, je l'ai tendrement regretté[3] ; je remercie Dieu de tout mon cœur de lui avoir fait l'importante grâce de penser à son salut avant sa mort que j'ai pleurée plus amèrement que vous ne m'avez vu pleurer vous expliquant, et à M. Despréaux, le *pater* et le *miserere*[4].

Les témoignages de votre souvenir, Monsieur, m'ont été, et me seront toujours fort chers ; j'eusse voulu que, vous souvenant aussi de l'attachement que j'ai pour tout ce qui vous touche, vous m'eussiez écrit quelque chose de votre famille et de vos affaires. Je crois le petit Racine[5] bien vif, et il n'est pas impossible qu'à mon retour je ne l'interroge et je ne le tourmente sur son latin ; peut-être m'embarrassera-il [*sic*] sur le grec littéral[6], mais je saurai

---

1. Padoue est la patrie de Tite-Live, Mantoue de Virgile, Venosa (*Venosium* ou *Venosia*) d'Horace. Smyrne est une des sept villes qui s'enorgueillissaient d'avoir donné le jour à Homère. Beaucoup de Grecs illustres sont nés à Athènes ou aux environs immédiats de la ville.

2. Boileau est né à Paris dans une maison canoniale proche du Palais, et Racine à La Ferté-Milon.

3. L'expression « tendrement regretté » comporte la même alliance de mots que celle qu'on trouve dans la troisième *Portugaise*, p. 87 : « Adieu, promettez-moi de me regretter tendrement. » — Pierre Boileau, sieur de Puymorin, demi-frère de Boileau-Despréaux, intendant et contrôleur général de l'argenterie, des menus-plaisirs et affaires du Roi, était mort le 11 décembre 1683. Guilleragues l'évoquait déjà dans la lettre à Mme de La Sablière, p. 161, n. 3.

4. Retour de cette allusion au *pater* et au *miserere*, déjà rencontrée p. 187, n. 1, et non moins difficile à interpréter. Il s'agit apparemment d'une « plaisanterie d'initiés » propre à Guilleragues quoique le ton soit ici sérieux.

5. Jean-Baptiste Racine, le fils aîné de Racine, né en 1678, avait alors six ans.

6. Le grec littéral ou littéraire est le grec ancien ; sur l'intérêt porté par Guilleragues et sa famille au grec moderne, parlé à Péra et même dans le sérail, voir p. 174 et n. 1.

un peu plus de grec vulgaire, langue aussi corrompue et aussi misérable que l'ancienne Grèce l'est devenue.

Adieu, mon cher Monsieur. Je vous conjure de penser quelquefois à notre ancienne amitié, de m'écrire quand même vous devriez continuer à m'appeler *Monseigneur,* et d'être bien persuadé de l'extrême passion, et de l'estime sincère et sérieuse avec laquelle je serai toujours votre très humble et très obéissant serviteur. Je ne vous ai jamais rien appris, vous m'avez appris mille choses, cependant vous êtes obligé de demeurer d'accord, vous qui me donnez libéralement quelque part à vos tragédies, quoique je n'y en aie jamais eu d'autre que celle de la première admiration, que je vous ai découvert qu'un trésorier général de France [1] prend le titre de chevalier, et qu'il a la satisfaction honorable d'être enterré avec des éperons dorés, et qu'ainsi il ne doit pas légèrement prodiguer le titre de *Monseigneur.* Vous ne m'avez pas mandé si vous voyez souvent M. le marquis de Seignelay.

Adieu, Monsieur [2].

Dès la seconde phrase, Guilleragues place sa lettre sur le plan littéraire, à propos des tragédies de Racine.

Le premier point de sa réflexion concerne la « vraisemblance ». Tout en affirmant qu'il respectait l'histoire, Racine avait dégagé, en 1676, dans la seconde préface d'*Andromaque,* les tempéraments que l'auteur dramatique peut apporter à la vérité historique. Non seulement il lui est permis d' « altérer quelques incidents », mais il doit aussi consulter la « bienséance », laquelle

---

1. Racine était trésorier général de France en la généralité de Moulins depuis 1674.
2. La lettre ne comporte pas de signature. Elle aurait dû intervenir une dizaine de lignes plus haut, après « votre très humble et très obéissant serviteur ». Mais, à son habitude, Guilleragues a l'idée d'une addition, ce qui l'amène, notamment, à répéter « Adieu », comme dans les *Lettres portugaises* ou à la fin de la lettre à Mme de La Sablière. Ne disposant plus que de très peu de place, il se voit obligé de resserrer son écriture ; la formule « Adieu, Monsieur » trouve à peine la place dans l'espace ménagé par la dernière ligne qui remonte légèrement.

consiste, selon le mot de Raymond Picard, « non pas à se soumettre à la réalité en quelque sorte scientifique de l'histoire, mais à ne pas choquer l'opinion générale des contemporains ». La fidélité due à l'histoire est donc purement morale : Racine a eu raison de ne pas « s'attacher scrupuleusement à la topographie ni à l'arithmétique » : les « mille vaisseaux » d'Agamemnon, dans *Iphigénie,* n'étaient qu'une centaine de barques, et les « vingt rois » qu'ils transportaient n'étaient que de petits seigneurs ; mais cela est aussi peu important que la chronologie des lettres de Mariane, les moyens d'assurer sa correspondance ou les vues qu'on pouvait avoir de son couvent sur Mertola.

Ce qui importe plus que cette exactitude matérielle, c'est la « profonde pénétration du cœur humain suivant les différents et malheureux états des passions ». Il y a là toute une définition du système dramatique de Racine. Refusant de « s'écarter du naturel pour se jeter dans l'extraordinaire », comme le fait Corneille, il ne soutient son action que par « les intérêts, les sentiments et les passions des personnages ». Cette formule célèbre de la première préface (1670) de *Britannicus* est reprise et précisée la même année dans celle de *Bérénice,* où il est dit que cette action simple est soutenue « par la violence des passions ». Dans une action dont le seul ressort est la passion, celle-ci doit en effet être tendue au plus haut point. Dans des pièces telles qu'*Andromaque, Bajazet, Iphigénie* ou *Phèdre,* presque chaque progrès de l'action correspond à un revirement des personnages, ou à une inflexion nouvelle de leurs passions. Mais cette observation qui caractérise la conduite très élaborée d'une tragédie racinienne s'applique plus parfaitement encore à une œuvre dont tout événement est banni et qui consiste *uniquement* dans ces « différents et malheureux états des passions », telle que les lettres de Mariane.

Que les héros de Racine, enfin, soient plus français que persans, comme le lui reprochait Saint-Évremond, « il n'importe guère de quel pays soient les héros ». Seuls « les grands auteurs » leur donnent l'être, comme ils le donnent aux royaumes. Goethe, qui dans sa jeunesse avait pris le roman de *Manon Lescaut* pour une histoire vraie, au point de prétendre rivaliser d'amour avec le chevalier Des Grieux, avait fini par y admirer la « profondeur de la conception et la maîtrise de l'exécution ». On peut interpréter le mot de Guilleragues comme un discret avis à ceux qui voudront que sa Mariane soit une religieuse de Beja plutôt qu'une création de l'esprit. Au moins, la transmutation artistique aura mis à l'abri du temps, *in patria,* ce qui n'était qu'une réalité éphémère, transitoire, *in via.*

Telle est la leçon que donne Guilleragues dans cette lettre que Jules Lemaître, qui ignorait tout de l'auteur, avait jugée « admirable de sens critique et de liberté d'esprit ». Elle n'est pas seulement son testament littéraire, mais presque le dernier message que nous ayons de lui.

Le 6 octobre 1684, il écrivait en effet d'Andrinople au Roi qu'il y avait rejoint la cour du sultan et qu'il y avait été fort bien reçu. L'audience sur le sofa était en vue : la Porte avait apprécié le fait que la France n'eût pas secouru l'Empire pendant la guerre austro-turque. Cependant, le 30 mars 1685, le Roi se plaignait à l'ambassadeur qu'il n'eût reçu aucune nouvelle de lui depuis cette dépêche du 6 octobre : sans doute avait-il écrit, mais du fait de la guerre les messagers de Venise étaient apparemment retenus. Du reste, à cette date, Guilleragues n'était plus. Après avoir reçu les honneurs du sofa, après avoir, nonobstant la « rareté mystérieuse de la sacrée face du Grand Seigneur [1] », été admis à contempler celle-ci, après avoir obtenu des commandements très favorables pour le commerce et la religion, à peine rentré à Constantinople en grande pompe, il était mort d'apoplexie le 5 mars avant d'avoir pu faire part de ces succès, peut-être au moment même où il en rédigeait le mémoire pour son maître. Mme de Guilleragues annonça la fatale nouvelle à Seignelay en ces termes, avant de l'entretenir des problèmes pratiques que la circonstance lui posait :

---

1. Dans la longue lettre au Roi du 15 juin 1682, où il lui raconte les développements diplomatiques de l'affaire de Chio, Guilleragues rapporte la façon dont il demandait que ses « présents » fussent remis, de façon à éviter les contestations ultérieures : « Les propositions de l'argent, de la restitution du billet [par lequel il s'était engagé à donner le présent], et du choix des diamants furent aussitôt acceptées ; mais le douanier trouva de l'impossibilité à l'audience et aux vestes [il était d'usage de donner des vestes aux domestiques apportant un présent de valeur agréé par le sultan], par la raison de la rareté mystérieuse de la sacrée face du Grand Seigneur. » La présence de ce trait dans une dépêche officielle, devant être lue par le Roi, montre l'erreur de ceux qui trouvent « guindées » les lettres de Guilleragues (voir la p. 150). Leur ton soutenu, et non guindé, met d'autant mieux en valeur les irrévérences calculées que se permet l'auteur.

> Au Palais de France à Péra,
> le 8ᵉ de mars 1685.

Monsieur,

Je fais un effort sur mon extrême douleur pour vous apprendre la perte que j'ai faite de mon mari que vous avez si fort honoré de votre amitié, et que vous honorerez sans doute de vos regrets. Je ne vous entretiendrai point des miens, Monsieur, sur ce funeste accident qui est arrivé peu de jours après son retour d'Andrinople étant seul dans son cabinet pour écrire où on le trouva à terre, la chaise où il avait été assis éloignée derrière lui ; lorsqu'on s'en approcha il tendit la main afin qu'on le secourût, ayant conservé l'ouïe et la connaissance, mais ne pouvant rien articuler, quelque effort qu'il fît pour cela. Il tomba ensuite dans un assoupissement dont il n'est revenu que pour quelques intervalles desquelles [*sic,* suivant l'usage du temps] Dieu lui a fait la grâce de se servir pour se concilier avec lui, et recevoir tous les sacrements avec des sentiments de piété et de religion extraordinaires, surtout dans un semblable état où les médecins ne trouvaient rien capable de le réveiller comme de lui parler de Dieu...

Providentiellement, Guilleragues, qui avait pu passer dans sa jeunesse pour un libertin, faisait par sa mort don de son corps à la Religion : il fut le premier à bénéficier d'un commandement qu'il avait demandé à la suggestion des capucins et obtenu lors du renouvellement des Capitulations, selon lequel il était permis d'enterrer dans le Palais les membres de la mission diplomatique qui mourraient à Constantinople. De ce fait, la chapelle, construite en 1673 par Nointel sans autorisation, devint, sous le nom de Saint-Louis des Français, le centre religieux de la communauté française.

Sur le plan du prestige, si important en Orient, Guilleragues avait porté au plus haut point le nom de son maître. Un témoignage indirect, mais non moins remarquable, en est donné par un passage des *Remarques nouvelles sur la langue française* du P. Bouhours (1687). Pour autoriser l'emploi du mot « respectable », « né à la cour » et qui a eu « toute la bonne fortune qu'on peut avoir », l'auteur cite quatre exemples, l'un tiré d'une lettre, anonyme, un second de l'*Esther* de Racine, un autre de La Bruyère dans la cinquième édition des *Caractères*, et poursuit enfin :

> *Mais le premier qui a usé de ce mot en une occasion importante, c'est un de nos ambassadeurs, homme d'esprit s'il en fut jamais, et aussi entendu dans le manège des affaires que dans celui de la cour. Car comme on lui contestait à la Porte un honneur qui avait été accordé aux ambassadeurs de France pendant la régence d'Anne d'Autriche, il dit fièrement et d'un ton railleur au grand vizir : « Le règne de Louis le Grand est du moins aussi respectable que sa minorité. »*

Dans le domaine des affaires, le bilan de l'ambassade n'était pas moins appréciable : « Je dirai à Votre Grandeur, écrivait au ministre le drogman Fontaine pour lui rendre compte de l'état des affaires, qu'il n'y a que des personnes douces, affables et accueillantes, tel qu'était M. de Guilleragues, que les Turcs puissent chérir [...] ; et comme il ne manquait pas de la vigueur nécessaire dans les affaires, lorsqu'il s'agissait de soutenir l'honneur et les intérêts de Sa Majesté, il venait à bout de tout ce qu'il entreprenait dans les négociations. » Effectivement, l'ambassadeur avait pu éviter au commerce les avanies traditionnelles, et même avait obtenu plusieurs firmans favorables aux sujets français. L'un défendait par exemple aux corsaires barbaresques d'attaquer les vaisseaux français sous les canons des ports ottomans, et ordonnait aux autorités turques d'aider les Français à recouvrer les biens qu'ils auraient perdus dans ces conditions ; un autre exemptait les ambassadeurs du droit de douane, et c'est l'origine de la valise diplomatique ; un autre enfin, très important, accordait au roi de France la protection des lieux saints de Palestine. Enfin Guilleragues avait formé le projet d'un collège de jésuites destiné aux jeunes Turcs : ce fut l'origine du lycée de Galata-Sérail, qui contribua fortement à répandre la langue, la culture et l'influence françaises dans toute la partie occidentale de l'Empire ottoman, notamment dans les Balkans.

Ce sont là des résultats positifs, dont les effets se font encore sentir aujourd'hui, obtenus par un ambassadeur qui croyait en sa mission. Mais « toute la gravité de son emploi », disait de lui Galland dans la préface des *Mille et Une Nuits,* « ne pouvait rien diminuer de ses agréments inimitables ». De ces agréments, témoignent encore pour nous une chanson, quelques vers et quelques bons mots, des lettres privées qui font honneur à une époque, et, bien entendu, les *Lettres portugaises.*

BIBLIOGRAPHIE

Manuscrit. Un manuscrit des *Lettres portugaises* a été découvert et publié en fac-similé par Jean-Pierre et Thérèse Lassalle sous le titre *Un manuscrit des lettres d'une religieuse portugaise. Leçons, interrogations, hypothèses* (Biblio 17, *Papers on French Seventeenth Literature,* Paris, Seattle, Tübingen, 1982). Ce manuscrit, dont le titre exact est *Lettres portugaises ecrittes par une religieuse à un gentilhomme françois que l'on croit etre le chevalier de Chamilly,* reproduit le texte d'une édition de Lyon, 1682, se disant « Dernière édition, augmentée de sept lettres avec leurs Reponces, qui n'ont point encore paru dans les impressions precedentes ». C'est un amalgame de sept lettres d'une « chanoinesse de Lisbonne » et des cinq *Portugaises* authentiques, entremêlées de douze réponses. Il n'a d'autre intérêt que de montrer que la diffusion des *Lettres portugaises* a dû se faire aussi par la voie de copies manuscrites. Les fautes et les absurdités qu'il comporte, outre ce contenu hétéroclite, le privent de toute autorité, quoiqu'il ne soit peut-être pas tout à fait aussi récent que l'estime Madeleine Alcover, laquelle le déclare postérieur à 1821 dans un article très documenté, « Essai de stemmatologie : la datation du manuscrit des *Lettres portugaises* », *Papers on French Seventeenth Literature,* XII (1985), n° 23, p. 621-650.

L'édition originale des *Lettres portugaises,* dont nous avons suivi le texte, est la suivante :

LETTRES PORTUGAISES TRADUITES EN FRANÇAIS
[fleuron inscrit dans un carré] à Paris, chez Claude Barbin, au

Palais, sur le second perron de la sainte Chapelle. [filet] M.DC. LXIX. Avec privilège du Roi.

Il s'agit d'un in-12 de VII + 182 + 11 pages, soit deux feuillets pour le titre, deux pour l'avis « Au lecteur », 182 pages pour le texte, un feuillet pour l'extrait du privilège.

La première édition critique de l'ouvrage est celle que Jacques Rougeot et moi-même avons procurée en 1962 dans la collection des Classiques Garnier. Épuisée, elle a été remplacée par une édition complète des œuvres de Guilleragues en deux ouvrages :

Guilleragues. *Chansons et bons mots. Valentins. Lettres portugaises.* Édition nouvelle, avec introduction, notes, glossaire par Frédéric Deloffre et Jacques Rougeot (Genève, Droz, 1972).

Guilleragues. *Correspondance.* Édition, introduction et notes par Frédéric Deloffre et Jacques Rougeot (Genève, Droz, 1976), 2 vol.

Depuis cette publication, quelques lettres ont été retrouvées :

Guy Turbet-Delof, « Trois lettres inédites du comte et de la comtesse de Guilleragues (1681-1685) », *XVIIe siècle,* juillet-septembre 1980, p. 313-315.

ÉTUDES

On a trouvé dans le présent ouvrage la référence à toutes les études à retenir sur le problème des *Lettres portugaises,* notamment celle de Leo Spitzer. Pour une bibliographie plus complète et plus systématique, on pourra se reporter à deux « états présents », le premier rendant compte des travaux jusqu'à 1967 :

Frédéric Deloffre et Jacques Rougeot, « État présent des études sur Guilleragues et les *Lettres portugaises* », dans *L'Information Littéraire* (septembre-octobre 1967),

l'autre allant jusqu'en 1984 :

Frédéric Deloffre, « Le bilan du quart de siècle : les *Lettres portugaises* et la critique », dans *Quaderni di filologia e lingue romanze,* n° 6, 1984, p. 121-167.

La meilleure analyse de la forme épistolaire inaugurée par les *Lettres portugaises* est celle de Jean Rousset dans *Forme et signification* (José Corti, 1959).

Aucune étude générale de la « réception » des *Lettres portugaises* n'a été entreprise à ce jour. Une telle étude serait très vaste, puisqu'elle devrait comprendre les œuvres qui mêlent la fiction à la réalité, comme on en a vu dès le XVIIᵉ siècle. Un exemple de ce que peuvent être de nos jours de tels ouvrages est fourni par : Madeleine L'Engle, *The Love Letters* (New York, Farrar, Straus and Giroux, 1966).

TRADUCTIONS

Parmi les traductions récentes, la plus au courant des progrès de la critique est la traduction russe d'Andrei Mikhailov (Moscou, 1973), qui comprend les *Valentins,* des lettres, etc. Citons aussi la traduction espagnole d'Enrique Badosa, Mariana Alcoforado, *Cartas portuguesas* (Madrid, 1963), et la traduction portugaise par Eugénio de Andrade, *Cartas portuguesas, atribuidas a Mariane Alcoforado* (Porto, s. d.).

DISCOGRAPHIE

Un enregistrement des *Lettres portugaises* a été réalisé vers 1960 par Maria Casarès. L'interprétation était de qualité, mais l'ordre des Lettres était fâcheusement bouleversé.

REPRÉSENTATIONS

En novembre 1988, le théâtre Renaud-Barrault a présenté un spectacle dans lequel Thérèse Liotard interprétait le personnage de la religieuse. Dans un compte rendu paru dans *Le Monde* du 5 novembre 1988, Michel Cournot, tout en faisant l'éloge de l'interprète, restituait à Guilleragues les *Portugaises,* attribuées à Racine par le programme.

NOTES

AU LECTEUR

Page 73.

1. Cette première ligne se dénonce, curieusement, comme « du Guilleragues ». L'expression « j'ai trouvé les moyens », qui semble appartenir de façon privilégiée au style administratif, se trouve souvent sous sa plume ; il en est de même pour des groupes tels que « avec beaucoup de soin et de dépense », « avec une grande attention et de la dépense », etc. Nous en concluons que cet avis « Au lecteur », comme c'était d'ailleurs l'usage, a été rédigé par l'auteur.

PREMIÈRE LETTRE

Page 76.

1. Le caractère très sensuel d'un passage comme celui-ci, qui ne semble pas frapper les commentateurs modernes, dupes d'un style toujours élégant, échappait si peu aux contemporains que Richelet l'a soigneusement corrigé dans son *Recueil des plus belles lettres* ; voir p. 67 et p. 80, n. 2.

Page 77.

2. Ce mot fameux a des équivalents dans des œuvres contemporaines : « Aimez, aimez, tout le reste n'est rien » dans *Psyché* de La Fontaine (achevé d'imprimer en janvier 1669) ; « Quand

deux cœurs s'aiment bien,/Tout le reste n'est rien », dans *Monsieur de Pourceaugnac* de Molière (6 octobre 1669) ; « Tenez-vous lieu de tout, comptez pour rien le reste » dans *Les Deux Pigeons*, de La Fontaine (livre IX, paru en 1679), etc. Une étude de ce *topos*, basée sur une chronologie précise, reste à faire. On se contente de remarquer ici que sa présence dans les *Portugaises* est un indice de plus du caractère français, contemporain et littéraire de l'ouvrage.

3. Passage optimiste. C'est bien à tort que Susan Lee Carrell dit, à propos de la phrase où Mariane défie le destin de la séparer de son amant (p. 78), qu'il s'agit d'un « moment unique et bref » ; il est dans le ton de l'ensemble de la première Lettre.

Page 78.

4. Nouvelle invitation montrant à quel point l'illusion habite encore le cœur de Mariane.

SECONDE LETTRE

Page 79.

1. Cet « oubli » semble consister en la raréfaction des lettres de l'amant (cf. plus loin : « je n'ai pas reçu une seule lettre de vous depuis six mois »). Cela rejette la séparation au moins huit mois auparavant : il y a là une contradiction avec ce qui sera dit dans la Lettre IV : « Vous me fîtes, il y a cinq ou six mois, une fâcheuse confidence... » (p. 95). Mais il est évident que ni l'auteur ni peut-être même son héroïne n'attachent d'attention à de tels menus détails matériels.

Page 80.

2. On a encore ici le genre de propos que Richelet châtiera sévèrement au nom de la décence ; cf. p. 76, n. 1. Ils contredisent la thèse qui ne voit dans les *Lettres portugaises* que la mise en œuvre d'une formule abstraite préconçue.

3. Exemple de « liaison décalée » signalée dans la préface, p. 45 : les termes « enchantement » et « mauvaise foi » ne sont pas sur le même plan ; c'est Mariane qui est enchantée, l'amant qui est de mauvaise foi.

Page 81.

4. Le mot « portière » désigne une « religieuse qui a soin de faire ouvrir les portes » ; le *Dictionnaire* de Richelet ajoute cet exemple : « La mère une telle est portière », ce qui montre qu'il ne s'agit pas d'un emploi inférieur, comme celui de la « tourière » ou « portière du dehors », confié à une sœur ; voir p. 25 et p. 41, n. 2.

Page 82.

5. La paix d'Aix-la-Chapelle avait été signée le 2 mai 1668. La campagne de Portugal était terminée dès 1667, et les derniers volontaires français s'étaient embarqués au début de 1668 (voir p. 28). Il est donc impossible de comprendre, selon une logique purement chronologique, pourquoi la mention du voyage de retour de l'amant, au début de la quatrième Lettre, est mentionnée si tard. Ce genre d'inadvertance étonnerait probablement moins si on savait combien l'improvisation spontanée a dû l'emporter sur le calcul réfléchi dans la composition des *Lettres portugaises*, comme dans les lettres privées de Guilleragues ; voir, p. 162, la phrase à laquelle il faut toujours se référer : « Quel moyen d'examiner une lettre comme un ouvrage, et de mettre en usage tous les préceptes d'Horace et de Quintilien ? » ; une lettre qui n'a pas la spontanéité d'une conversation ne mérite pas d'être écrite, ou du moins envoyée.

6. Sur cet indicatif suivant « il est possible que », voir p. 45. Cette particularité est, comme de juste, éliminée par Richelet.

TROISIÈME LETTRE

Page 84.

1. Quoique ces interrogations rappellent celles d'Hermione dans *Andromaque* (« Où suis-je ? Qu'ai-je fait ? Que dois-je faire encore ? », acte V, sc. 1, v. 1393), l'emploi de la formule « qu'est-ce que » est jugé trop familier par Richelet : il la supprime. Nouvelle mise en garde contre l'idée que le « style noble » régnerait seul dans les *Lettres portugaises*. « Nous savons plus d'un style », dit Guilleragues lui-même dans la lettre à Mme de La Sablière (p. 170), et Jacques Chupeau a raison de commenter :

« [Guilleragues] sait que chaque style a un objet propre, et qu'il ne convient pas plus de se guinder sur le grand style dans une lettre familière que de parler familièrement dans un écrit officiel » (article cité p. 45, n. 2).

2. Sur cet exemple fameux du « schéma de Spitzer », voir la préface, p. 45 et n. 4.

Page 85.

3. L'expression « de sens froid » (qu'on a prise parfois pour un « lusisme » !) est parfaitement classique, et même fort ancienne : dans l'histoire du français, les confusions de « sens » (prononcé sans *s* final) et « sang » sont innombrables (« avoir le sang tourné », « mon sang n'a fait qu'un tour », etc.) et souvent impossibles à démêler. Voir encore p. 103, n. 11.

Page 86.

4. La source de ce passage est dans Virgile (*Énéide*, IV, v. 320-323) à propos de Didon. Guilleragues ajoute seulement le détail qui, en l'actualisant, masque son origine élégiaque, à savoir « la sévérité des lois de ce pays contre les religieuses » ; car, à vrai dire, rien dans l'ouvrage ne vient illustrer cette remarque.

5. Un des passages les plus significatifs de l'humour auto-destructeur de Mariane, si bien souligné par Spitzer ; voir la préface, p. 47-50. On a dit qu'il est tout autant dans la manière de Guilleragues à son propre égard.

Page 87.

6. Les oscillations particulièrement sensibles dans tout ce passage sont caractéristiques de la troisième Lettre, celle dans laquelle Mariane est dans la plus grande agitation.

Page 88.

7. Avec ses cinq « adieu » successifs, le dernier ne concluant d'ailleurs rien, cette lettre fait fortement penser à la lettre à Mme de La Sablière. Les ressemblances vont jusqu'à la similitude d'expression ; ainsi, la phrase « je sens vivement la fausseté de ce sentiment », une vingtaine de lignes plus haut, annonce « je sens vivement ces malheurs » (p. 153). L'excuse pour une lettre trop longue, égocentrique, « je vous parle trop souvent de l'état [...] où je suis », apparaît aussi dans la lettre à Mme de La Sablière :

« Ma lettre est trop longue, mal écrite ; j'ai trop parlé de moi »
(p. 172).

QUATRIÈME LETTRE

Page 89.

1. L'ancien royaume d'Algarve occupait le sud du Portugal. —
Guilleragues reprendra à son propre compte la phrase qu'il prête
ici à Mariane lorsque, de Céphalonie, en route pour Constantinople, il écrira à Colbert le 16 octobre 1679 : « une tempête nous a
obligés de relâcher en cette rade. »

Page 90.

2. Ce passage est l'un de ceux qui rappellent les scènes du *Dom
Juan* de Molière (1665) où il est question du personnage d'Elvire ;
comparer par exemple le récit de sa séduction par Dom Juan, acte
I, sc. 1 : « Je ne comprends point comme après tant d'amour et
tant d'impatience témoignée, tant d'hommages pressants, de
vœux, de soupirs et de larmes, tant de lettres passionnées, de
protestations ardentes et de serments réitérés, tant de transports
enfin et tant d'emportements qu'il a fait paraître, jusqu'à forcer
dans sa passion l'obstacle sacré d'un couvent pour mettre Done
Elvire en sa puissance, je ne comprends pas, dis je, comme après
tout cela il aurait le cœur de pouvoir manquer à sa parole. » —
Pourtant, si l'inspiration générale est la même, les ressemblances
ne sont pas textuelles. On rapprochera aussi les plaintes d'Elvire,
acte I, sc. 3 (« J'admire ma simplicité et la faiblesse de mon
cœur ») de celles de sa sœur portugaise, *passim*, sans pour autant
déceler de véritable imitation de la part de Guilleragues.

3. La liaison par un « *et* décalé » aboutit ici à la figure qu'on
appelle *hysteron proteron* (ce qui vient logiquement d'abord, ici
l'usage du pouvoir par l'amant, vient après son effet, à savoir la
punition) ; mais il s'agit plutôt d'une négligence d'expression,
caractéristique d'un langage spontané, que d'une recherche
rhétorique.

Page 91.

4. Sur la présence de cette flatterie délicate à l'égard du Roi
sous la plume de la religieuse, voir la préface, p. 39.

Page 92.

5. Sur cet emploi « gascon » de l'indicatif au lieu du subjonctif attendu, voir p. 82, n. 6.

6. Ici, ce sont deux contraires qui sont unis par le « *et* décalé » : voir encore « vie tranquille et languissante », deux lignes plus loin.

Page 93.

7. Point auquel Guilleragues est lui-même sensible. « Il faut remplir ce petit reste de tant de papier », écrit-il à Mme de La Sablière (p. 171), et effectivement c'est ce qu'il fait dans toutes les lettres dont nous avons les autographes, remplissant les marges, l'espace entourant la formule de politesse, etc.

8. Ce prénom, qui correspond à Béatrice, était courant ; il y avait deux dona Brites dans le couvent de Beja à l'époque où est censée avoir lieu l'intrigue des *Lettres portugaises*.

9. Voir la préface, p. 27. Mertola est situé à une cinquantaine de kilomètres au sud-est de Beja, sur la rivière Guadiana.

10. On a ici un fait de syntaxe archaïque, la non-répétition de la conjonction « que », alors que le pronom sujet lui-même est répété ; on en trouve quelques exemples dans la correspondance de Guilleragues.

11. Avant Mariane, la Phèdre d'Ovide avait été séduite par un Hippolyte qui dans la IVe Héroïde se souvenait des leçons de Neptune :

> *Sive ferocis equi luctantia colla recurvas,*
> *Exiguo flexos miror in orbe pedes...*

Page 94.

12. Ce passage érotique a été éliminé par Richelet du *Recueil des plus belles lettres*.

13. « Entêtement » signifie ici, comme parfois dans la langue classique, « amour passionné pour une personne » ; ainsi dans les *Mémoires* du cardinal de Retz cités par Littré : « l'entêtement qu'il avait pour Mlle de Guise ». La valeur péjorative du mot commençait pourtant à s'imposer.

14. Cet emploi de « sans » suivi de l'article partitif, qu'on a déjà rencontré p. 84 (« sans d'extrêmes douleurs »), est une particularité de langue propre à Guilleragues ; on en remarque plusieurs exemples dans sa correspondance.

15. Ici encore, on aurait tort de ne pas voir le contenu érotique de la formule.

Page 95.

16. Nouvel emploi de l'indicatif au lieu d'un subjonctif ; voir p. 82, n. 6.

17. Sur la difficulté que soulève ce détail chronologique, comme tous les autres du même genre d'ailleurs, voir p. 79, n. 1.

18. Exemple, parmi beaucoup d'autres, d'un « glissement » sur un mot, « perdre », pris dans deux emplois assez différents.

19. Nouvel exemple de « liaison décalée », cette fois par « ou ».

Page 96.

20. Le mouvement incertain de la phrase correspond au sentiment de Mariane ; naturellement, Richelet refait le passage en le simplifiant radicalement.

21. Comparer, dans la lettre à Mme de La Sablière : « Adieu, Madame, il est temps de finir, il faut vous laisser... » (p. 168).

22. Comprendre, suivant l'usage du temps, « la prochaine lettre ».

23. D'après ce détail chronologique, la liaison aurait commencé un an avant la date de la présente lettre, qu'on peut placer (voir Lettre II, p. 82, n. 5, de juin 1668 au plus tôt) en août ou septembre 1668 (moment, en fait, où Guilleragues écrit) : soit en septembre 1667 environ. Or, à cette époque, le chevalier de Chamilly d'après son biographe Eugène Beauvois (voir la préface, p. 25), était rentré en France depuis plusieurs mois ; voir aussi plus haut, p. 95 et n. 17.

24. Sur ce trait d'amère auto-ironie, voir préface, p. 47.

CINQUIÈME LETTRE

Page 99.

1. Encore une phrase « à la manière de Guilleragues » ; on en trouve de semblables dans la correspondance.

2. Leo Spitzer rapproche cette formule du « *amabam amare* » de saint Augustin (*Confessions*, III, 1,1).

3. Écrit « un autre » dans les éditions les plus anciennes, suivant un usage qu'on trouve encore dans les premières œuvres imprimées de Marivaux ; il est difficile de dire s'il faut lire « une autre » (« un » se prononçait « une » devant un mot commençant par une voyelle, d'où la confusion) ou s'il faut entendre « quelqu'un d'autre » ; cf. « quelque autre », p. 101.

Page 100.

4. Sur la parenté de ce thème avec le contenu de certains *Valentins*, voir la préface, p. 38.

Page 101.

5. Encore un passage dont on ne doit pas méconnaître le réalisme.

Page 102.

6. Le mot est écrit « deueroit » dans l'édition originale ; il l'est de la même façon dans une lettre de Guilleragues, p. 157 et n. 1 ; sur l'intérêt de cette particularité, voir la préface, p. 45 et n. 1.

7. Nouvel exemple de ces traits « satiriques » (le mot est de Guilleragues, voir p. 169) fréquents dans les *Lettres portugaises* comme dans toutes les autres œuvres de l'auteur, chansons, lettres, bons mots.

8. « Rendre un compte exact », terme peut-être cher à la langue administrative, en tout cas fréquent sous la plume de Guilleragues ; on le retrouve à la fin de cette même lettre V, p. 106, d'autant plus en valeur qu'il clôt l'ouvrage.

9. Inutile de souligner l'ironie crue de ce détail.

Page 103.

10. Seule allusion aux dangers courus par l'amant ; ils sont rejetés pendant la campagne de Portugal : or on a vu que la liaison de Mariane est censée, d'après les lettres antérieures, n'avoir commencé que vers août 1667, alors que la campagne de Portugal était terminée pour Chamilly depuis plusieurs mois. En revanche, il faisait alors la campagne d'été en Flandre, avant de faire en janvier 1668 celle d'hiver en Franche-Comté, où il s'illustra. Jamais Mariane ne semble y songer. On voit encore que

si Chamilly avait eu une maîtresse en Portugal et en avait reçu des lettres, elles n'auraient pas de rapport avec celles que nous avons.

11. Sur l'expression « de sens froid », voir p. 85, n. 3.

Page 104.

12. Voir p. 103, n. 10.

13. Effectivement, Chamilly avait un frère aîné ; peut-être même est-ce lui qui avait averti qu'une commission de capitaine de cavalerie l'attendait en France ; mais encore une fois la chronologie de cette démarche, si elle a eu lieu, est radicalement incompatible avec le contenu des *Lettres portugaises*.

14. Trait de pessimisme très proche des idées de La Rochefoucauld.

15. Encore un trait d'ironie satirique, très « à la manière de » Guilleragues.

Page 105.

16. Nous avons corrigé la ponctuation de l'original, qui comporte une virgule devant « cruel ».

17. Passage à rapprocher d'un *Valentin* ; voir la préface, p. 38.

Page 106.

18. L'original porte « promise », suivant un accord spontané qu'on trouve dans les œuvres de jeunesse de Marivaux, et, de nos jours encore, très souvent dans des bouches féminines.

19. Le « je veux », le « il faut » et finalement le « je crois même » laissent, on le voit, le dénouement ouvert. La dernière phrase, par l'interrogation, ne dément pas cette interprétation.

Impression Bussière Camedan Imprimeries
à Saint-Amand (Cher),
le 3 juillet 1998.
Dépôt légal : juillet 1998.
1er dépôt légal dans la collection : avril 1990.
Numéro d'imprimeur : 983375/1.
ISBN 2-07-038244-3./Imprimé en France.